JN409037

우리는
변화를 먹고 산다

이남일 단상모음집(우감잡록)

시와사람

국립중앙도서관 출판시도서목록(CIP)

우리는 변화를 먹고 산다 : 이남일 단상모음집 : 우감잡록 /
지은이: 이남일. -- 광주 : 시와사람, 2018
p. ; cm

ISBN 978-89-5665-519-2 03810 : ₩12000

수기(글)[手記]

818-KDC6
895.785-DDC23 CIP2018027205

우리는 변화를 먹고 산다

책머리에

변화의 순서에 맞추어 세상은 펼쳐지고 그런 변화를 좇다보면 시간이 흐르는 것을 느낀다. 세상은 만물을 품고 에너지를 담아 끊임없이 모습을 바꾼다. 에너지의 이동은 차이를 만들고 차이는 감각을 자극한다. 차이는 비교할 때 느끼는 자극이다. 우리는 그 자극으로 비로소 존재를 깨닫는다.

다른 것 혹은 새로운 것처럼 차이나는 것을 변화라고 하자. 우리는 늘 변화를 느끼고 싶어 한다. 매 순간 변화를 감지하기 위해 언제나 감각을 열어놓는다. 변화는 오감을 통해서 감지되고 기억 속에 저장된다. 저장된 정보는 다시 사물을 인식하는 기준이 된다.

세상은 존재하기 위해 변화한다. 변화를 먹고, 변화하고, 변화를 만들며 살아간다. 사람들 역시 변화를 찾아 누리거나, 공부를 통해 스스로를 바꾸거나, 권력이나 창작을 통해 세상을 바꾼다. 이는 마치 변화하기 위해 존재하는 것처럼 반복된다.

변화는 기억과 문자와 문명으로 저장된다. 자원이나 재물 속에 담아두기도 한다. 이는 지식과 상상과 사회 발전의 원동력으로 재생된다. 역사와 문화와 전통을 통해 현실을 자극하고, 미래의 꿈으로 삶을 지탱한다.

이 글은 내 생각의 작은 흔적이다. 길을 가는 나를 잠시 멈추게 하는 단상들을 모았다. 우연히 떠오른 상상을 주워 담은 일기 같은 우감잡록(偶感雜錄)이다. 고민한 글이 아니라 어느 순간 슬쩍 다가와 세상 이치를 깨우쳐주는 것들이다.

문득 떠오르는 삶의 의미들을 혼자만의 독백으로 끝내고 싶지 않았다. 동시대를 사는 여러 사람들과 가상현실 같은 흥미로운 변화의 즐거움을 나누고 싶었다. 행복한 상상 속을 떠돌다 고견을 묻는 마음으로 조심스레 펼쳐 보았다.

글쓴이 이남일

차례

2 변화하기

3 변화 만들기

4 변화 끊기

1

변화 담기

채움의 이름, 행복

행복은 채우는 기쁨이다.

삶은 늘 비어있다. 비어있는 만큼 세상은 불만으로 가득하다. 그 불만은 욕심으로 채운다. 행복은 채우는 만족감이다. 기대치에 다가가는 기쁨이다. 오랜 고생에서 벗어나는 해방감이며, 잃었다 다시 찾는 감동이다. 불행이 사라지는 순간 느끼는 안도감일 수도 있다.

행과 불행은 채움과 손실이란 차이다. 기대치에 다가가는 만족감과 멀어지는 손실감의 변화다. 사람들은 각자 기대치가 다르다. 기대치에 가깝게 채울수록 행복지수는 높아진다. 행복은 충족량보다 오히려 충족률을 의미한다.

끝내 채울 수 없다면 욕구를 낮추면 된다. 환경에 맞추고 운명에 맞춘다. 능력에 맞추고 형편에 맞춘다. 마음을 비우는 방법도 있다. 채우지 못하고, 잃을 것을 염려하는 걱정보다 애초 잃을 것이 없는 편안함을 택하는 것이다.

행복은 상대적이다. 재물이나 지식처럼 축적되지 않는다. 기준에 따라 행복과 불행은 갈린다. 성취해서 행복하거나 불행이 사라져서 행복할 수도 있다. 때로는 아픔도 기쁨이 된다. 잃었다 찾는 기쁨처럼 불행에 감사하는 경우도 있다. 행복을 잃거나 더 나은 행복을 얻지 못해서 불행하기도 한다. 기준을 어디에 두느냐에 따라 얻어도 잃고 잃어도 얻는다. 언제 어디서나 행복과 불행은 공존한다.

견딜만하면 비교하지 말 일이다. 자신을 남과 비교하면 없던 걱정을 스스로 만드는 격이다. 행복은 함께 할 때 오래간다. 오래 지속하는 방법은 나누는 것이다. 단 행복은 삶의 이유일 뿐 삶 그 자체는 아니다. 행복하게 살아야 한다는 집착에서 벗어나야 한다.

우리는 매순간 변화를 먹고 산다. 세상은 즐거운 변화로 넘친다. 능력이 없어도 변화의 기쁨을 취할 수 있다. 화가는 아니더라도 아름다운 그림을 감상할 수 있다. 음악가가 아니더라도 황홀한 리듬에 빠질 수 있다. 요리할 줄 몰라도 최고의 음식 맛을 즐길 수 있다. 소유하지 않아도 꿈꿀 수 있고, 상상만으로 우주를 마음껏 여행할 수 있다. 욕구를 채울 자유가 있어 행복할 뿐이다.

행복은 짧다.

세상에는 행복이 많지 않을 뿐만 아니라 노력한 만큼 행복하지도 않다. 그래서 각박한 현실보다 꿈꾸는 행복을 누리는 경우가 더 많다. 꿈을 향한 믿음만으로 꿈꾸는 삶은 슬프지도 않고 힘들지도 않다. 어쩌면 우리가 느끼는 행복의 대부분은 현실보다 환상으로 느끼는 것인지도 모른다. 낚시를 드리우고 물고기가 물기 전까지 느끼는 기대감처럼 미리 가불받는 행복인 셈이다.

행복에는 받는 기쁨과 주는 기쁨이 있다. 받는 기쁨은 순간이다. 받는 즉시 빚을 갚아야 하는 부담을 안게 된다. 베푸는 기쁨은 길다. 상대가 돌려주기 전까지 지속된다. 길게 누리려는 욕심 때문에 아쉬운 것이 행복이다. 기다린 만큼 멀어지기 때문이다. 그래서인지 불행은 갑자기 오고 행복은 느리게 오는 것처럼 보인다.

행복했던 기억은 아무리 떠올려도 즐겁다. 그러나 그 기억은 재생될 때마다 효용이 떨어진다. 시간이 갈수록 강도가 약해진다. 노력만큼 행복해지지 않는 것도 자주 기대치를 떠올리거나, 기다림이 너무 길기 때문이다. 그러나 행복을 느끼지 못한다고 실망할 것은 아니다. 불행하지 않기 때문에 행복을 느낄 수도 있다.

다가가는 행복은 길고 누리는 행복은 짧다. 이룬 기쁨은 잠깐이지만 아직 실현되지 않는 희망은 길다는 말이다. 꿈을 향한 기대감에 젖어 있을 때가 행복도 길다. 집에 도착하는 기쁨보다 그리던 집에 가는 길이 내내 행복하지 않던가. 그래서 내려다보는 기쁨보다 올려다보는 기쁨은 길다.

행복이 많지 않은 것은 기대가 너무 크기 때문이다. 행복이 짧은 것도 만족할 줄 모르고 더 큰 행복을 꿈꾸기 때문일 것이다. 작은 것에도 감사하고 감사할 때 멈출 수 있어야 한다. 작은 것에 감사하다보면 어느 순간 가랑비처럼 행복에 흠뻑 젖어 있음을 알게 된다.

호랑이와 사슴의 행복지수

포식자 호랑이와 피식자 사슴은 어느 쪽이 더 행복할까? 호랑이는 육식동물이고 사슴은 초식동물이다. 호랑이는 동물을 잡아먹어야 하고 사슴은 지천에 널린 풀을 뜯는다. 사슴은 호랑이를 이길 수는 없으나 도망칠 수는 있다.

호랑이는 잡아야 하고 사슴은 피해야 한다. 절실한 것은 양쪽이 다 마찬가지다. 호랑이의 사냥 성공률은 10% 미만이다. 그렇다면 사슴이 도망치는 확률은 90%이다. 쫓는 호랑이와 쫓기는 사슴의 성공률은 사슴이 크다.

사냥감과 사냥꾼은 쫓고 쫓기면서 많은 에너지를 소모한다. 그 에너지를 비축하기 위해서 호랑이는 하루 대부분을 잠을 자고 사슴은 그 시간 동안 풀을 뜯는다. 사슴이 먹이를 즐기는 시간이 길다. 사슴이 굶을 확률은 호랑이 보다 훨씬 낮다. 쫓기는 사슴이 늘 불안할 것 같지만 쫓는 호랑이 역시 굶주림을 걱정해야 한다. 행복의 조건은 개체마다 다르지만 원하는 것을 많이 취하는 쪽인 것만은 분명하다.

농부와 왕의 하루는 똑같이 24시간이다. 하루 세끼를 먹고 밤이면 똑같이 잠을 잔다. 농부는 농사일을 걱정하고 왕은 권력 보전에 고민한다. 행복은 목표의 달성 여부에 달렸다. 훌륭한 사람이 꼭 행복한 것은 아니다. 행복한 일상은 신분과 상관없이 맛있게 먹고 편히 잠을 자는 것이다.

아무리 부귀한 사람도 행복한 사람을 이길 수 없다. 스스로 느끼는 행복은 무엇으로도 살 수 없고 빼앗을 수도 없다. 삶의 목적이 행복이라면 이 세상에서 가장 강한 사람은 행복한 사람이다.

행복에도 면역이 필요하다.

행복은 느끼는 순간 그 기쁨의 강도는 점차 감소한다. 환자에게 같은 약을 계속 투여하면 약효가 체감되는 것과 같다. 행복이 짧은 것도 시샘하는 불행이 조화를 부리기 때문이다.

행복을 지속하기 위해서는 더 큰 기쁨이 필요하다. 또한 이전보다 더 큰 노력이 필요하다. 행복이 멈추면 공백이 생기고 이를 견디지 못하면 공황장애나 우울증이 온다. 부귀영화를 누리던 사람이나 연예계 스타들이 상황이 나빠지면 쉽게 망가지는 것도 지속적인 행복을 누리지 못하기 때문이다.

질병도 전염되듯이 행복도 전염된다. 그러다 이룰 수 없는 행복의 병에 걸리면 자칫 환상의 늪에서 헤어나지 못한다. 행복에도 백신이 필요하다. 언제 올지도 모르는 불행에 대비하여 적당한 고난과 고통을 체험할 필요가 있다. 잃거나 비우는 연습이 필요하다. 행복을 높여갈 사정이 못되면 받는 것보다 주는 편이 낫다. 받으면 빚이지만 베풀면 행복으로 돌아온다.

왜 여행을 떠나는가?

세상 어디에나 공기가 있고 물이 있고 햇빛이 있다. 사람이 있고 풍경이 있다. 그러나 다르다. 분명 차이가 느껴진다. 차이를 느끼고 싶은 충동이 일면 선뜻 길을 떠난다. 세상은 한 권의 책이고 여행은 가장 효과적인 공부라고 하였다. 여행하지 않는 자는 한 페이지 책장에 갇힌다고도 하였다.

길을 가다 보면 눈이 멈추는 곳이 있다. 잠시 머물고 싶은 곳이 있다. 낯선 사람이 반갑고 두려움은 어느새 신비한 호기심으로 바뀐다. 여행의 매력은 변화가 주는 신선한 감동이다. 자연의 풍경과 즐거운 표정, 그리고 호기심에 벅찬 마음이 어우러져 환상의 분위기를 자아낸다. 별난 세상에 별별 사람을 만나는 재미, 벗하는 즐거움, 깨닫는 기쁨은 여행의 진미다.

여행은 있는 그대로를 구경만 하는 것이 아니다. 변화를 만들어 즐긴다. 비용과 시간과 이동거리의 변화를 첨가하여 만들어내는 창작물이다. 똑같은 풍경과 음식과 잠자리라 해도 이들이 결부되어 만들어내는 복합적인 변화의 묘미는 감동적이다.

역사탐방을 떠나면 유적뿐만 아니라 역사적 인물이 가미되어 이야기가 만들어진다. 허구라 해도 변화의 자극과 체험의 실감은 충분하다. 과거의 흔적을 느낄 수 있고 미래를 상상할 수 있는 신선한 자극이 변화에 목마른 갈증을 해소시켜준다.

여행은 마냥 즐거운 것만은 아니다. 새로움에 대한 기대감보다 상상에 미치지 못할 때 잔뜩 부푼 호기심은 산산이 부서진다. 비용과 들인 노력에 비해 부족하다 여기면 실망감은 크다.

여행은 어떤 목적과 기준을 가지고 떠나느냐에 따라 즐거움은 달라진다. 변화를 찾는 이유와 세심한 감성과 기대감은 필수다. 세상은 본적이 없어서 새롭고, 생각해 본 적이 없어서 놀랍고, 모르기 때문에 흥미롭다.

여행의 감동은 고스란히 기억에 남는다. 기념사진을 찍어 순간의 기쁨을 담고, 기념품을 사서 추억을 남긴다. 기행문을 써서 기록을 남기는 것 역시 행복이란 변화를 저장하기 위한 것이다.

감사의 믿음, 신앙

신은 존재하지 않기 때문에 존재한다.

우주는 신비로 가득하다. 신비함은 무한의 상상을 불러온다. 태초부터 그 곳에는 신이 있었다. 그 주체는 태양과 별이다. 실체감이 없는 존재는 의문을 남긴다. 그러나 신은 신비감만으로 흔적을 남긴다. 설명할 수 없는 경외감은 마음속에 신으로 존재한다.

신이 위대한 이유는 완전하기 때문이다. 불완전한 인간은 완전함을 동경한다. 신은 사람과의 차이가 너무 커서 두렵다. 그 두려움의 차이가 바로 신이다.

완전하면 변화하지 않는다. 변화하지 않기 때문에 인식할 수 없다. 존재할 수도 없다. 완전은 바로 변화의 소멸이고 죽음이며 신이다. 그러나 신은 만물의 대립자로 상대적 변화를 한다. 빛이 있어 어둠을 인식하듯이 신은 변화하는 만물의 상대적 존재이다.

누군가는 신의 존재를 알 수 없더라도 믿는 것이 믿지 않는 것보다 낫다고 하였다. 신이 확인되지 않는 상태에서 시작된 논쟁이라면 신의 존재를 믿는 쪽이 유리하다는 것이다. 태어나기 전에 이승이 있는 줄 몰랐듯이 죽으면 혹 저승이 있을지도 모르지 않는가.

신은 논리적인 존재다.

책상 위에 꽃병이 놓여 있다. 꽃병을 치우는 순간 눈앞에서 사라진다. 다시 그 자리에 꽃병을 놓으면 꽃이 보인다. 그 이유는 꽃병이 없는 기억 때문이다.

바람소리를 듣는 것은 듣지 못하는 침묵과의 차이이다. 밤을 떠올려야 낮을 인식할 수 있는 것도 어둠의 기억과 밝음의 차이 때문이다. 궤변 같지만 있음과 없음의 차이로 없고 있는 것이다.

먹물 그릇에 먹물 한 방울을 떨어뜨리면 한 방울의 먹물은 존재도 없이 사라진다. 용광로 위에 모닥불을 피우면 모닥불은 따뜻하지도 보이지도 않는다. 샹들리에 아래 촛불을 켜면 촛불은 빛을 잃는다. 다른 물질은 차이가 나지만 같은 물질은 차이가 나지 않는다. 차이가 없으면 그 존재를 감지할 수 없다.

소리는 물질의 진동이기 때문에 매질이 없으면 들리지 않는다. 그런데 태양이 폭발하는 소리를 들었다고 가정하자. 지구와 태양 사이에는 진공이란 것을 상식으로 알고 있다. 그렇다면 우주는 진공이 아니

라고 생각을 바꾸어야 한다. 실체는 알 수 없다 해도 논리적으로 물질의 존재를 인정해야 한다.

만물은 상대적 차이를 통해 인식되는 존재이다. 변화하는 만물 속에서 신 역시 상대적 변화인 셈이다. 인간이 존재하니까 존재하지 않는 신이 존재할 수가 있다. 직접 볼 수 없지만 간접적으로 이해되는 논리적 존재이다.

신에게 다가가는 고행

극한 고통이 지나면 최고의 기쁨이 오는 것처럼, 위기가 극에 달하면 그곳에는 언제나 신이 있다. 신은 고난의 반대편에서 등대처럼 그 존재를 알린다. 그 존재는 인간과의 격차가 클수록 신비감은 커지고 위엄은 높아진다.

태어날 때부터 준비되지 않은 삶은 고달프다. 고난에 지친 사람은 신의 손길이 간절하고 그 염원은 깊다. 꿈꾸는 것만으로, 바라보는 것만으로, 다가가는 것만으로 위안을 느낀다.

신을 만나고 싶어 기도하는 사람들이 있다. 신에게 의지하여 부족함의 고통을 치유하려는 사람들이 있다. 신이 곁에 있는 것만으로 행복을 느낀다.

누군가는 온갖 고난의 길을 감수하며 신의 곁에 오르고 싶어 한다. 특별한 의미를 부여받기 위함이다. 욕망의 고뇌에서 벗어나고 싶은 사람, 죄를 용서받기 위한 사람, 깨달음을 얻기 위한 사람이 고행을 한다. 고행은 신에게 다가가는 방법이다. 고행은 어렵고 힘이 들수록 고결해진다.

믿고 의지하면 두려움이 사라진다. 점을 보거나 종교 의식을 치르는 것은 본인의 의지보다 신을 믿기 때문이다. 신의 보호를 받는 것이 아니라 자신의 믿음으로 신을 지킨다고 생각한다. 신과 인간의 관계는 공생의 관계다. 믿음은 신과 인간의 사이를 채우고 싶은 열망으로 표출되기도 한다. 신과 가까워진다는 안도감과 기쁨은 믿음으로 얻는 자신의 변화다.

기도는 신의 목소리며, 우연은 신의 의도이며, 죽음은 신의 뜻이다. 신은 간절한 자에게 다가간다. 신이 모습을 드러낸다면 기도는 이루어질지 모르지만 삶은 목적을 잃는다. 신이 마음속에만 있는 것도 실체가 주는 두려움 때문인지도 모른다. 삶의 이유를 잃지 않기 위해 신은 영원한 미래여야 한다.

기도는 누군가를 위한 진실한 소원이다.

지옥과 천국의 식탁에는 음식과 기다란 수저가 놓여 있다고 한다. 지옥에서는 혼자 먹으려다 긴 수저 끝에 찔려 싸우고, 천국에서는 서로 상대에게 먹여주어 모두 배가 부르다.

베풀고 봉사할 때 돌아온다. 자식은 부모를 위해 태어난 것이 아니라 부모에 의해 태어난 것뿐이다. 그러나 자식을 사랑하면 자식은 부모에게 효도로 갚는다. 사랑한다는 것은 사랑을 받기 위한 것이다. 사랑은 주고받을 때 아름답다. 자신을 위한 기도는 곧 신을 위한 기도이다.

기도는 간절한 소망이다. 부족함을 채우고 싶은 열망이거나 반대로 욕망의 무게를 벗어버리고 싶은 염원이다. 번뇌의 속박을 벗어나기 위해 마음을 비우고 맑은 영혼을 얻으려는 소원이다.

복을 공짜로 누리려는 것 같지만 기도는 부질없는 삶을 달래는 방법이기도 하다. 두려움의 고통에서 벗어나게 하는 기도는 얼마나 편안한가? 절대자에게 의지한다는 것은 든든한 보호자를 믿는 것처럼 감사하다.

기도는 믿음의 진리이다.
기도는 누군가를 위한 진실한 희생이다.
기도는 행복을 구하려는 간절한 희망이다.
기도는 사랑을 위한 진정한 눈물이다.
기도는 소원을 이루고 싶은 집념의 표현이다.
기도는 죽음에 저항하는 생존의 본능이다.

감사할 때 진정한 것을 얻는다. 감사할 줄 모르면 얻고도 잃는다. 순간의 기도로 영원한 평안을 얻는다. 염원하는 기도보다 감사하는 기도가 아름다고 행복하다.

기도는 믿음으로 평안을 체험하고 사랑으로 고귀함을 느끼게 한다. 무한한 힘을 갖게 하는 기도의 위력은 진정한 신앙의 의미를 깨닫게 한다.

믿음이란 묘약

정부는 국가의 미래를 걸고 꿈같은 프로젝트를 발표한다. 실제 사용해 본적도 없는 무기가 핵공격을 막아 줄 거라고 국민을 설득한다. 세금을 지출하기 위해 믿음에 호소하는 것이다. 기상예보의 적중률은 50% 정도라고 한다. 아무나 맞힐 수 있는 확률이다. 그러나 매일 일기예보에 귀를 기울인다. 신뢰도보다 믿고 싶은 마음 때문이다. 기도가 이루어질 확률은 몇 %나 될까?

거짓말을 믿는 것이나 뜻하지 않는 사고를 당하는 것이나 불행의 결과는 같다. 기대를 비켜가는 배신은 비일비재하다. 그러다보니 행복의 염원보다 불행과 더 친숙한 게 현실이다. 기적을 믿는 일을 황당하다고 말한다. 그러나 배신이 더 황당하다.

살면서 누구나 한번쯤 배신의 고통을 겪는다. 병원에서 의료사고로 사람이 죽는다. 경찰이 범죄와 거래를 한다. 은행에서 금융사고가 끊이지 않는다. 믿음을 담보로 하는 배신이다. 겪고 나면 믿고 있는 때가 차라리 편하다. 그나마 믿음마저 잃을까 두렵다.

충고하거나 따지는 것을 좋아하는 사람은 많지 않다. 그래서 잘못을 인정하기도 쉽지 않다. 대부분 자기를 부정하거나 체면이 깎기는 말을 싫어하기 때문이다.

말을 잘하는 사람은 상대가 듣고 싶은 말을 하는 사람이다. 막힌 가슴을 뚫듯 소통하고 감동시키는 사람이다. 상대 말을 고쳐주고 동조하고 존중하는 배려 깊은 사람이다. 그런 사람을 믿고 싶어 한다.

믿음은 원수에게서 적개심을 거두게 한다. 같은 신도로서 동류의식을 갖게 한다. 적이 아닌 동지로서 충돌을 피한다. 동등한 추종자로서 협동과 공생을 이룬다. 절대자의 믿음 아래 자신을 낮추고 한없이 겸손해진다.

삶의 기쁨을 깨닫게 하는 것이 복음이다. 행복의 묘약처럼 아픔을 잊게 한다. 아픔을 느끼지 못한다면 아픔을 씻어주는 것과 같다. 믿음이 묘약이다.

에너지가 담긴 상자, 음식

맛을 향해 달려가는 사람들

사는데 가장 관심이 높은 것 중의 하나가 건강이다. 그 건강을 위해 먹는 음식은 평생의 관심꺼리다. 하루 일과 중 빠지지 않는 것도 세끼 식사다. 잔치 때면 무엇보다 음식에 정성을 들인다. 금강산도 식후경이다. 그 중심에는 맛이 도사리고 있다. 물론 맛의 역할이란 즐기기도 하지만 해로운 독을 감별하기도 한다.

맛은 향이 지배하고 향은 뇌가 지배한다. 맛은 미각과 후각을 동시에 느끼는 감각이다. 입과 코가 서로 연결되어 있기 때문이다. 오감 중 가장 예민한 감각이 후각이다. 그만큼 맛은 예민하고 쉽게 몰입하게 된다. 식욕의 향락에 빠지면 자칫 맛의 노예가 된다. 맛도 음식도 날로 다양해질 수밖에 없다.

경제가 나쁘면 삶의 범위는 제한되고 의식주가 단순화 된다. 삶의 결핍은 스트레스를 유발하기 마련이다. 이를 해소하기 위해 자극적인 맛에 집착한다. 불황기에 매운 음식이 잘 팔리는 것도 그 때문이다.

사람들은 혀의 욕구를 충족시키지 못해 안달이다. 맛의 결핍에 시달리는 사람들은 요리사들에게 새로운 맛의 요리를 내라고 아우성이다. 더 좋은 맛에 집착하는 혀는 늘 부족한 맛에 괴로워하고 좌절한다. 마약처럼 길들여진 혀의 집착은 끝이 없다. 식탐이 요리기술을 증대시키고 요리는 식욕을 자극하기 위해 진화한다. 맛은 혀의 고통이다.

음식은 변화의 농축 덩어리

일상에서 가장 도전적인 행위는 아마 식사일 것이다. 식재료의 목숨을 끊는 일부터 음식을 입안에서 부수고, 소화액을 쏟아 붓고, 독을 해독하여 영양분을 흡수하는 과정은 그리 순탄치만은 않다. 따지고 보면 타 생물의 에너지를 탈취하는 것이니 영양 섭취는 가히 전쟁이라 할 수 있다.

지속적으로 활동에너지의 공급과 훼손된 세포를 복원하기 위해 우리는 매일 식사를 해야 한다. 통상 하루 세끼 먹는 사람은 평생 몇 끼를 먹을까? 100년을 산다면 36,500끼를 먹는 셈이다. 한번 먹고 평생 산다면 편할 것인데 왜 이렇게 번거롭게 많이 먹을까? 식사는 단순히 에너지 공급만이 목적이 아닌 것이다. 섭취하기까지의 변화를 먹는

것이다.

음식은 배가 고프면 맛이 있기 마련이다. 배가 고프면 먹고 싶고, 먹고 싶으면 맛이 있는 것이다. 그러나 배가 고파 먹는 경우와 맛있어서 먹는 경우는 다르다. 배가 고파 먹는 것은 생존 본능이고, 맛이 있어서 먹는 것은 습관성 집착일 가능성이 크다. 먹이가 부족할 때와 여유가 있을 때의 차이이다.

극도로 배가 고파서 먹는 밥은 맛보다는 영양 공급이 우선이다. 그러나 배가 고프지 않아도 맛이 있으면 본능적으로 먹는다. 그러다 보면 마치 음식을 습관적으로 먹게 된다. 이는 변화의 결핍증으로 그 갈증을 맛으로 해소하려는 것이다.

음식 속에는 변화를 일으키는 에너지를 담고 있다. 양분 속에는 변화가 농축되어 있는 것이다. 밥을 먹는 것 같지만 변화를 먹는 셈이다. 식단이 다양하고 끼니의 횟수가 많은 것도 변화 때문이다. 사실 매일 먹는 음식이지만 똑같은 식단은 피한다. 아침과 점심, 저녁의 메뉴가 다르다. 이는 필요한 양분의 균형을 맞추기 위한 것이다.

또 다른 맛의 요소

맛은 혀의 자극과 냄새의 합작품이다. 혀에는 400여 가지의 수용체가 있어 1조가 넘는 복합적인 맛을 창출한다. 게다가 시각과 청각까지 곁들인다면 무수한 맛을 창출할 수 있다. 감각끼리 합치면 맛은 무한해진다.

같은 쌀로 만들었다 해도 밥과 죽은 맛이 다르다. 같은 밀가루로 만든 국수와 빵의 맛 역시 다르다. 단맛의 수용체는 단 한 가지이지만 설탕, 과당, 사카린 등 감미료마다 맛이 다르다. 제조나 요리 과정 중에 작용한 요소가 다르기 때문이다.

의식주의 모든 행위는 사회성을 동반한다. 특히 맛에 있어서 대인관계는 오감의 자극과 함께 활성화 된 식욕을 한층 더 높인다. 오락이나 사업, 축제 등을 겸하면서 복합적이고도 다양한 변화가 가미된다. 병을 약과 심리를 병행하여 치료하듯이 다양한 식사가 고도의 맛을 창출한다. 그중 회식문화는 맛의 즐거움을 높인다.

꽃을 보며 식사할 때와 눈을 감고 식사할 때 어느 쪽이 더 맛이 있을까? 눈을 감으면 깊은 맛에 집중할 수는 있다. 그러나 식사할 때 분위기는 또 다른 맛을 공급하는 요소가 된다. 음악과 풍경이 어우러진 장소는 일상의 식탁 분위기와 또 다른 차이를 낸다.

궁중요리는 영양보다 시각적인 맛을 강조한다. 누구와 함께 식사를 하는가에 따라 맛도 달라진다. 외식 문화는 맛의 진화다. 영양이 풍부하게 공급되었음에도 식단이 다양하지 못하면 맛을 잃는다.

끼니마다 같은 음식을 반복하여 먹는다면 미각은 점차 맛을 잃는다. 차이가 없는 맛은 느낄 수가 없다. 맛은 느끼는 사람의 것이다. 아무리 고급스런 산해진미라 해도 그 깊은 맛을 음미하지 못한다면 배고플 때 먹는 보리밥 한 그릇만 못하다. 왕은 매일 궁중요리를 먹지만 서민보다 맛있게 먹었을지는 의문이다.

요리법은 맛을 높이는 기술이다.

생활이 풍족해지면 메뉴는 양과 질에 이어 맛의 단계로 바뀐다. 맛을 즐기게 되면서 음식은 배고파 먹는 것보다 맛이 있어 먹게 된다. 맛을 높이는 기술이 음식에 변화를 주는 요리법이다.

요리의 본질은 소화의 장애 요인을 제거하는 것이다. 이는 결국 맛을 높이는 것이다. 특히 생식에서 화식으로의 전환은 가장 획기적인 요리 방법이다. 이는 식재료에 열을 가하여 세포조직을 약하게 하거나 살균을 하는 것이다. 고기를 구우면 단백질과 당분이 반응하여 놀라운 맛을 만들어낸다. 또는 발효시켜 식품을 분해시키거나 여러 재료를 섞어 독을 중화시키기도 한다.

곡식과 과일이 익는 것은 자체적으로 독을 거두는 경우이다. 음식의 독은 치명적인 것이 아니더라도 몸의 기능을 방해하거나 소화의 효율을 떨어뜨린다. 음식은 독의 방해를 받지 않을수록 먹는데 편하고 맛있다.

맛을 상승시키는 또 다른 방법은 미각의 자극을 바꾸는 것이다. 각종 양념을 첨가하여 혀를 자극하거나 싫은 맛을 상쇄시킨다. 양념은 식욕을 돋우어 음식 섭취를 돕는다. 반복되는 음식의 식상함에 변화를 주는 것이다. 양념은 소량이지만 자극적인 맛을 만들어 낸다. 살아가는데 취미생활처럼 양념은 식탁의 맛을 변화시킨다.

맛은 주로 혀와 코로 감지한다. 그래서 냄새는 씹을 때 가장 강한 자극을 느낀다. 뿐만 아니라 맛을 더 높이기 위해 시각과 청각, 촉각 등으로 주변 분위기를 높인다. 음식에 모양을 내고, 음악이 흐르게 하고, 부드러운 식감을 추가하여 복합적인 향미를 만들어낸다. 감각은 서로 교감하기 때문이다. 음식에 변화를 가하며 입맛을 돋우는 지혜는 고루 음식을 섭취하는 방법이기도 하다.

토종이 몸에 좋은 이유

배탈이 나는 것은 음식을 잘못 먹었다거나 소화기관에 문제가 생긴 것이다. 음식 속에는 독이 있다. 생물이 독을 갖는 것은 다른 생물에게 먹히는 것을 방어하기 위한 생존 수단이다. 약해도 저항이 강하면 먹이로 취하기가 어렵다. 그러나 오랫동안 섭취하다보면 면역이 생기고 몸도 먹이나 환경에 적응하게 된다. 그래서 사람이 좋아하는 생물은 가장 먼저 죽음을 맞는다.

국산 농산물 홍보용어로 흔히 신토불이를 언급한다. 몸과 흙은 하나라는 뜻으로 몸에 맞는 토종 농산물을 애용하자는 뜻이다. 한 지역에서 오랫동안 같이 생활하다보면 서로 닮아간다. 고향은 공기, 물, 토양, 기온 등 생명활동에 필요한 요소가 동일하다. 같은 지역에서 자란 토산품을 먹으니 신체 구성 성분과 생활 성향도 닮아간다.

오랫동안 같은 지역에서 독에 적응해 왔기 때문에 역시 같은 면역이 생긴다. 같은 기후 조건에서 자란 토종 음식이니 해독 기능 역시 같다. 한민족이니 몸에 자국농산물이 몸에 좋은 것은 당연하다. 전통 음식이 맛이 좋은 이유도 같은 재료로 만든 음식에 친해진 것이다.

거래를 위한 대인 관계

함께 하는 것은 나누는 것이다.

태어나면서 가장 공평하게 주어지는 것이 시간일 것이다. 모두에게 하루 24시간씩 고르게 분배될 뿐만 아니라 그 빠르기도 지구 자전 속도와 동일하다. 저마다 일의 양은 달라도 지나가는 시간이 같다. 시간을 함께 보내는 것은 시간을 공유하는 것이다. 시간을 나누는 것이다.

때를 맞추면 시간을 나눌 수 있다. 약속을 하고 때를 기다리면 된다. 토끼가 기다리면 거북이를 만나고, 아이를 기다리면 어른이 된다. 가난한 사람도 기다리면 부자가 되고, 꽃씨도 심고 기다리면 다 같이 꽃이 된다.

기다리면 함께 시작할 수 있다. 먼저 산을 오른 사람도 기다리면 함께 내려올 수 있다. 나룻배도 기다리면 함께 건너고, 식탁에서 기다리면 같이 먹을 수 있다. 기다리면 같아진다. 재물도 같아지고 지식도 같아진다. 남을 방해하지 않고 자기 시간을 배려하는 것은 동반자로서의 조건이다.

행복은 나눌수록 커지지만 불행은 함께 하면 작아진다. 불행은 더 큰 불행을 보고 견딘다. 동병상련은 힘든 사람에게 더 힘든 모습을 보여 위로하는 효과가 있다. 그러나 행복을 비교하면 나쁜 결과를 낳는다. 이웃이 자신보다 낫다면 상대적으로 받는 열등감은 견디기 어렵다.

죄는 함께한다고 가벼워지지 않는다. 남을 탓한다고 슬픔은 작아지지 않는다. 함께 아파한다고 고통이 사라지는 것은 아니다. 때로는 행복도 슬픔도 침묵해야 할 때가 있다. 홀로 품고 견디는 것도 배려이다.

우린 좋고 나쁜 사람 할 것 없이 함께 산다. 원수 같은 사이라 해도 견딜만하면 함께 산다. 잘난 사람과 못난 사람, 부자와 가난한 사람, 선한 사람과 악한 사람이 서로 인정하며 공생한다. 대립관계라 할지라도 한 쪽을 잃으면 다른 쪽도 함께 사라지기 때문이다.

신뢰는 인관관계의 기본이다. 사람은 믿을 수 있는 사람 주변에 모인다. 동지가 되고 싶으면 같은 상황 속으로 들어가야 한다. 혼자 가면 빨리 가고, 함께 가면 멀리 간다는 말이 있다. 독단, 독주, 독식은 금물이다. 유능한 사람이라 해도 혼자 가면 외롭다. 그러나 함께 하면 부족해도 서로를 채워주기 때문에 혼자의 한계를 넘을 수 있다.

공정한 거래가 아름답다.

시장거래는 시세 차이를 취하는 상업 활동이다. 구매자의 가성비와 판매자의 시세 차를 서로 만족할 때 흥정은 이루어진다. 마치 시세의 불균형을 바로잡듯이 자연스레 진행된다.

삶의 거래는 균형과 불균형의 차이를 거두는 작업이다. 조화란 중심에 서 있는 것이 아니다. 양 끝을 반복하여 움직이며 균형을 유지하는 것이다.

세상은 수많은 차이가 만드는 변화의 시장이다. 수요와 공급의 거래, 과거와 미래의 거래, 환경과 시대의 거래가 끊임없이 이어진다. 일도 누군가와 그 무엇을 매개로 주고받는 거래다. 사회 변화가 원활해야 세상이 평화롭다. 신용을 담보로 하는 거래는 물건보다 마음을 사는 것이다.

원하는 것을 주어야 필요한 것을 얻는다. 거래는 물질과 물질, 물질과 마음, 마음과 마음을 주고받는 다. 필요한 것을 주고받을 때 신뢰감이 생긴다. 공정한 거래는 신뢰를 바탕으로 유기적인 공생 관계를 만든다.

거래는 교환을 통해 가치를 높이는 수단이다. 공짜는 없다. 대가를 치러야하는 세상에 이유 없는 일은 없다. 따지고 보면 이 세상에 거래 아닌 것이 없다.

주고받는 진실과 거짓도 거래의 한 수단일 수 있다. 사랑도 마음을 밀고 당기는 거래의 과정이다. 매일 무수한 사랑의 표현으로 메일과 전화로 달콤한 단어를 주고받는다. 안부를 묻고 마음을 전하는 행위는 어떤 선물보다 값지다.

선긋기는 대인 관계를 결정짓는 중요한 잣대다. 빚을 지거나 성추행을 당하는 경우 거절하지 못해서 일어나는 경우가 많다. 자기 영역을 지키기 위해서는 단호하게 자기 선을 그을 줄 알아야 한다. 때로는 '아니다.' 라고 말하는 용기가 필요하다.

거절은 거부가 아니다. 관계의 단절도 아니고 무시하는 것도 아니다. 거절의 의도를 이해하고 그 자체로 수용할 줄 알아야 한다. 그래서 거절의 근육을 키워 세상을 사는 내공을 쌓는 것이다. 학습된 무기력에 자신을 망가뜨리는 우를 범하지 않아야 한다.

교양 있는 사람은 상생을 위해 상식적이고 공정한 거래를 할 줄 아는 사람이다. 공정하다는 것은 모두를 만족시키는 믿음을 준다. 의리도 믿음을 담보로 하는 거래다. 믿음에 대한 보상과 도리를 다하는 것이다. 덕담도 칭찬을 주고받는 것이고 서로를 응원하는 것이다. 정의는 공동의 목표다. 상생이 정의다. 공정한 거래는 아름답다.

동류의식은 함께 공유하는 것이다.

사람들은 사회 교류를 통해 많은 것을 나눈다. 한 지역에서 오래 살다보면 친구가 되어 가족처럼 친밀해진다. 음식을 나눌 기회가 많다 보니 입맛도 닮는다. 보는 눈이 같고 정보를 공유하니 사고방식도 비슷해진다.

고향사람들은 같은 추억을 공유하고 같은 사투리를 쓴다. 혈연, 학연, 지연은 물론 동호인들이 모여 단체를 결성하여 교분을 쌓는 것은 당연하다. 서로는 단합하여 보호하고 공생하는 유기체가 된다. 동류의식은 서로 의지하며 힘을 보탠다. 하나의 무리가 되어 누군가 창안하고 동의하면 목적이 되고 성격이 된다. 문화가 되고 전통이 된다.

우리는 다른 삶을 살지만 소통하며 정보를 공유한다. 정보를 공유하면 공동체가 된다. 대화와 독서를 통해 가족이 되고, 친구가 되어 삶을 공유한다. 기쁨도 나누고 고통도 나누며 공감한다. 정보를 많이 공유할수록 부부처럼 일심동체가 된다. 조직과 같은 유기체가 되어 하나의 생명을 가진다. 친구는 두 사람의 신체에 사는 하나의 영혼이라고 했다.

모임은 사람만이 모이는 것이 아니다. 시간이 만나고, 장소가 만나고, 사람이 만나고, 생각이 만나고, 운명이 만난다. 모임을 통해 동류의식을 갖는다. 좋은 친구도 소중하지만 필요한 때의 친구가 더 중요하다. 약은 병이 났을 때 목숨을 살리지만 건강할 때는 무용지물이다.

구경꾼도 동조하면 동류의식을 갖는다. 응원을 하거나 편을 들다 보면 자신의 일처럼 애착을 느낀다. 초면인 사람도 닮았다는 것만으로 믿음을 준다. 내편이라고 생각하는 순간 마음을 열고 돕는다. 함께 행동하고 같이 해결하는 구성원이 된다. '우리', '함께', '같이'란 말을 쓰며 편승하기도 한다. 가족과 친구처럼 유대관계가 있는 세력에 묻어 덕을 보려는 것이다.

사람들은 조그만 연고만 있어도 끼어든다. 능력 있는 사람의 주변을 기웃대며 그 덕을 나누어볼 궁리를 한다. 측근의 명성을 팔아 존재감을 높이기 위해서다. 명품을 소유하는 것만으로 자신이 곧 장인인 것처럼 자랑하는 사람이 있다. 명작을 읽었다는 것만으로 스스로 문호가 된 것처럼 착각하는 사람도 있다. 세상에는 기회를 보다가 얹혀가는 사람, 묻어가는 얌체 같은 사람들이 의외로 많다. 경전을 읽었다고 성인이 되진 않는다.

인연을 맺으면 그 관계는 쉽게 끊지 못한다. 가족으로 태어난 인연은 운명이 된다. 그래서 가족은 온통 짐이다. 평생을 지고 가야할 걱정덩어리다. 가족이 잘되면 그리 기쁘고 자랑스러운 것도 걱정을 덜기 때문이다. 오죽하면 무소식이 희소식이라 했겠는가.

인연은 변화의 시작이다.

누구를 위해 태어난 것이 아닌데 살다보면 누군가를 향해 다가간다. 그러다 문득 마주한 곳에서 서로를 의지하며 살아간다. 인연은 우연처럼 다가온다. 그러나 결과는 필연이 되고 만다.

인생을 통해 무수한 인연과 악연들이 왔다가 사라진다. 설명할 수도 없고 궁금할 것도 없는 삶의 순간들을 우린 속절없이 맞이하고 떠나보낸다. 얽히다보면 서로의 사연과 정보를 공유하게 된다.

같은 시대, 같은 장소에 살다보면 때로는 악연이 되기도 한다. 농부가 곡식과 가축을 위하는 것 같지만 실은 이익을 챙기는 수단이다. 곡식이나 가축은 인간과 만난 죄로 생존을 위한 희생의 거래를 한다. 좋은 상대라 해도 하필이면 어려울 때, 실수할 때 만나는 경우도 있다. 어떻든 악연도 인연이다.

혈연과 지연, 학연 외에 친구와 직원 등은 동시대 삶의 과정에서 만난 인연이다. 좋은 인연을 만나는 것은 행운이다. 나쁜 사람보다는 좋은 사람, 좋은 사람보다는 필요한 사람, 그보다 더 중요한 사람은 필요한 때의 만남이다.

사는 이유도, 깨달음도 인연에서 비롯된다. 인연은 거미줄처럼 다가온다. 어느 때 어느 곳에서 우연히 얽힌 것이다. 이유 없는 만남에서 시작한 인연은 맺기는 쉬워도 끊기는 어렵다.

인연도 때가 되면 끈을 놓아야 한다. 포기할 때 이별은 온다. 이별은 관계를 끊는 것이다. 배신이 아니다. 집착해서도 안 되고 슬퍼해서도 안 된다. 서로 필요로 하지 않을 때 거래가 끝나는 것처럼, 싫을 때 거절하고 미울 때 돌아선다. 인연에 대한 집착은 일방적인 욕심이다. 인연의 시작은 우연이지만 끝은 필연이다.

공평한 거래자, 친구

동식물을 포함하여 자원이나 재료, 부품 등 살아가는데 필요한 것들은 수없이 많다. 그 중에서 가장 활용도가 높은 대상이라면 같은 사람이라 할 수 있다. 그만큼 인간의 능력은 무궁무진하다. 문제는 상대의 마음을 얻는 것이다.

친구가 되기 위해서는 우선 공통점과 필요한 점이 있어야 한다. 공통점은 가는 방향이 같고, 필요한 점은 부족한 자기보완이 되기 때문이다. 경험이 같고 같은 정보를 공유한 사람은 생각이 같고 언행도 닮는다. 함께 어려운 처지를 극복한 막역지우라면 같은 경험을 통해 공동의 정보를 공유할 수밖에 없으니 말할 것도 없다.

나누지 않으면 남이지만 나누면 친구가 된다. 그러나 뺏으면 적이 된다. 모두가 친구가 되고 싶어 한다. 하지만 여유가 있어야 나눈다.

당연히 가진 자 주변에 사람이 모인다. 명성의 위상에 편승하기 위해서다. 권력을 가진 자에게는 아부하고, 주자에게는 돈을 구걸할 수 있다. 가진 자 역시 자신을 지키고 관리해야할 부담이 있다. 권력은 지키고, 재력은 잃지 않고, 명예는 더럽히지 않아야 한다. 그래서 가진 자와 가지지 않은 자는 거래를 한다.

장사꾼은 물품을 통해 거래하고, 친구는 마음을 통해 교류한다. 만남은 거래의 시작이다. 주는 것 없이 받을 수 없다. 거래가 사람을 움직인다. 거래만이 관계를 유지할 수 있다. 가진 자가 일방적으로 친구 관계를 요구한다면 고용과 같다. 친구는 동등한 거래의 관계로 존중받아야 한다.

친구 관계는 서로 도움을 주는 사이다. 도움을 주는 것은 빚을 지우는 것과 같다. 필요한 것을 잠시 빌리는 것이다. 그 빚 갚는 의리를 지키는 사이가 친구다. 은혜의 끈을 이어가는 관계다. 친구가 많은 사람은 주고받을 빚이 많은 사람인 셈이다.

친구는 정보의 창구

친구가 되려면 먼저 상대에게 관심을 갖는다. 그 관심이란 바로 변화에 대한 기대감이다. 변화는 정보다. 사람을 만나는 것은 정보를 나누기 위함이다. 변화에 굶주린 뇌는 늘 정보를 찾아 영양분을 보충한다. 친구가 보고 싶은 것도 정보를 나누지 못한 그리움이다. 성공한 사람 곁에 사람이 모이는 것도 성공의 비결을 나누어 갖고 싶기 때문이다.

친구를 보면 그 사람을 안다고 했다. 친구와는 끊임없이 믿고 정보를 교환한다. 서로는 정보를 많이 기억하고 있는 사이다. 그래서 같은 상황을 만나면 같은 생각을 하고 같은 행동을 한다. 진정한 친구일수록 거울처럼 그의 언행에 자신의 모습이 비쳐진다.

만남은 정보를 교류하기 위함이다. 친구가 반가운 것은 기대하던 변화가 궁금했다는 뜻이기도 하다. 여러 인연으로 다양한 친구가 있다. 입장에 따라 만나고 싶은 적당한 시기가 있다. 매일 보고 싶은 사람이 있는가 하면 1달이나 1년 혹은 10년이 지나야 비로소 보고 싶고 궁금해지는 사람이 있다.

친구는 오랜 인연으로 풀어야 할 공동의 문제가 있는 사이이다. 서로 갚아야 할 은혜가 있거나 약속을 했거나 인간적 교감으로 의지하고 싶은 사람이다. 친구와 손님의 차이는 친구는 아무 때나 오고, 손님은 아무 때나 떠난다고 했다.

겸손은 수행이다.

누구든 자기보다 앞서가는 것을 좋아하지 않는다. 경쟁자의 능력이 뛰어나면 상대적으로 뒤처지게 된다. 패배자는 자신을 낮춰야 하고 아부나 복종을 강요당하기도 한다. 이러한 모습은 겸손이 아니다. 반대로 자랑하고 거만하면 경쟁심리만 부추긴다. 나아가 적대관계에서는 분노만 키운다. 그래서 최초 민주주의는 특별히 잘난 사람을 용납하지 않는 평등에서 시작했다.

겸손의 가장 큰 걸림돌은 오만이다. 나만이 가질 수 있고 나만이 할 수 있다는 특권의식은 적대감만 불러온다. 겸손은 가진 사람의 여유이며 배려다. 보통 남보다 나을 때 동정심이 생겨나고 베풀 여유도 생긴다. 높을 때는 낮추고 많을 때는 나누는 배려가 겸손이다. 상대를 존중하며 자존감을 높여주는 친절이다. 상대를 자극하지 않고 더불어 나누는 상생의 요령이다.

예의범절은 서로를 배려하고 존중하는 마음을 표현하는 격식이다. 배려한다는 것은 각자의 영역과 언행을 보장 하는 것이다. 서로가 허용 범위 이상을 침범하지 않아야 한다. 이는 상대의 물질적, 신체적, 정신적 경계를 존중하는 것이다. 충고라 할지라도 상대에게 동의를 구해야 마땅하다. 원하지 않는 충고는 오히려 비난으로 들린다.

과공비례란 말이 있다. 겸손이 지나치면 예의가 아니라는 말이다. 과도하게 겸손한 사람을 경계하기도 한다. 부담스럽기도 하지만 다른 의도가 있다고 의심하기 때문이다.

주전자보다 낮은 컵이 물을 채우고, 머리를 숙여야 문틀에 이마를 찧지 않는다. 겸손한 사람은 나를 인정한 만큼 남을 존중한다. 모든 기쁨을 신의 은총으로 돌리는 사람이다. 겸손은 수행이다. 세상을 관조하는 수양을 통해 내공은 길러진다. 남보다 잘하려하지 말고 자신보다 잘하려 노력해야 한다. 자신을 낮출 때 사람들은 다가온다.

소통의 도구, 언어

언어는 얼마나 정확하게 전달되는가?

똑같은 사과를 100명이 동시에 그려도 각자 그림은 천차만별이다. 정확하지도 않다. 더구나 이를 말로 표현한다면 정확성은 더 떨어진다. 머릿속에 아무리 많은 정보를 담고 있어도 이를 전달하지 못한다면 무식한 사람과 다르지 않다. 더구나 같은 말도 사람이나 상황에 따라 의미가 달라지기도 한다.

언어의 소통 속도는 대략 50비트 정도라고 한다. 짧은 대화로 정확하게 의사가 전달 될 때 소통의 효율은 높다. 언어의 전달 속도는 정확성과 상대의 이해력에 비례한다. 하나를 전달하는데 쓸데없는 단어의 나열은 시간 낭비일 뿐이다.

대화의 소통은 서로의 지식수준과 단어의 뜻이 얼마나 닮아 있는가에 비례한다. 방송도 주파수를 맞추어야 청취가 가능하듯이 같은 지식과 단어의 뜻이 같을수록 상상도 비슷하여 이해가 빠르다. 그렇지 않을 때는 많은 단어가 소요되거나 듣는 사람의 지식이 많아야 한다. 그래서 같은 분야의 전문가끼리는 의사소통이 쉽다.

오해의 원인은 표현이 불확실하거나 이해력이 부족할 때 생긴다. 의사 전달이 부족하면 각기 다른 상상을 한다. 단순히 새라는 단어는 날아가는 새와 나무에 앉은 새, 어미 새, 새끼 새 등 다양한 기억을 떠올리게 한다. 아무리 정확한 표현을 구사한다고 해도 상대가 믿지 않으면 소용없다. 어떤 말이든 듣고 싶은 말이나 동조하는 말을 가장 믿는다.

말은 입에서 태어나 귓전에서 죽지만 어떤 말은 건강한 씨앗이 되어 누군가의 마음속에 뿌리를 내린다. 이렇게 떠돌던 말들은 또다시 사람들의 마음속에서 만나 서로 모습을 바꾼다.

오늘 내가 한 말들은 누군가의 마음과 결탁하여 변신을 하고 주변에 변화를 일으킨다. 그리고 세상을 떠돌다 결국 다시 내게로 돌아온다. 말은 듣는 순간 저장되고 전파되는 특성이 있다.

언어는 변화의 덩어리다. 그 속에는 시간도 포함되어 있다. 그래서 긴 역사도 농축된 기호로 쉽게 표현할 수 있다. 발 없는 말이 천리 길을 간다. 세상에서 가장 막기 힘든 것이 입과 귀다. 언어는 마음을 전달하는 매체이지만 그보다 더 정확하고 효과적인 것은 실천으로 보여주는 믿음이다.

무음의 의미

무음은 소리에 대한 상대적 변화이다. 무음은 전달되지 않는데도 인식이 가능하다. 시끄러운 때 무음은 또 다른 소리가 된다. 질문을 받고 침묵을 지키는 것도 하나의 대답일 수 있다. 말을 해서 변화를 만드는 것이나 변화를 수용하는 것이나 같은 변화이다.

소리는 무음에 대한 차이이다. 소리는 무음에서 출발한다. 무음은 소리의 시작이고 소리에 대한 또 다른 소리이다. 무음이 기준일 때 소리이고, 소리가 기준일 때 무음은 무언의 변화이다.

침묵이 없이 어찌 소리를 들을 수 있겠는가. 침묵은 대화의 끝이 아니다. 상대의 말을 기다리는 것이며 나의 생각을 모으는 중이다. 침묵은 강한 호기심과 기대감으로 긴장감마저 불러일으킨다. 무음은 소리를 듣기 위해 소리를 낳는다.

0은 왜 존재할 수 있는가?

식당에서 밥 한 그릇 값을 계산할 때 밥알을 세지 않는다. 빵 값을 치룰 때도 밀가루 숫자를 따지지 않는다. 그러나 학자들은 세균 수는 말할 것도 없고 분자의 수까지 분석한다. 숫자를 중히 여기는 것은 정확한 차이를 비교할 수 있기 때문이다.

숫자는 의미가 명료하여 자극적이다. 간단한 설명은 전달이 빨라 존재 파악이 쉽다. 모든 숫자의 기준은 0이다. 0에서 출발하고 0과의 차이로 무수한 수가 생겨난다. 0과 2와의 차이는 0과 1과의 차이의 2배이다. 그래서 2의 크기는 1의 2배이다. 100은 1의 100배이다.

숫자 0은 없음이다. 어떻게 없는 것이 인식되는가? 바로 차이 때문이다. 주변의 있음이 기준이 되어 생기는 차이가 없음을 뜻하는 0의 존재가 된다. 반대로 있음은 0이 기준이 되어 생기는 차이다. 있음이 있다면 상대적으로 없음이 대립자로 존재하기 마련이다.

0은 없음을 의미하지만 무한대일 수도 있다. 빈 공간에 무엇이든 담을 수 있고, 어떤 그림이든 시작할 수 있는 빈 도화지와 같다. 하얀 무색의 공백은 다양한 색깔로 변화를 창출할 수 있다. 1에 0을 계속 붙여나가면 무한대로 숫자는 증가한다. 0은 없으면서 수량의 표기를 변화시킨다.

아라비아숫자는 10개의 숫자를 한 묶음으로 1자리씩 올려가는 방식이다. 수량 표기에 2진법보다 5배의 빠른 효과가 있다. 그러나 이진법의 0과 1의 순서만 가지고도 무한 차이를 만들어낸다. 무한 숫자, 무한 언어를 조합할 수 있다. 없음의 0과 있음의 1의 차이다.

원운동은 0과 같다. 출발점과 도착점이 같다. 제자리에 돌아오면 운동을 하지 않는 것과 같다. 변하면서 변하지 않는 것을 동시에 포함한다. 끝없이 반복할 수 있는 원운동은 영원히 존재하는 방식이다. 0은 존재하지 않으면서 존재한다.

상황에 따라 달라지는 언어의 의미

여러 사람에게 염소에 대해 설명을 하고 동시에 그림을 그리라 하면 염소 모양이 모두 같지 않다. 어떤 사람은 양이 되고 어떤 사람은 소를 닮는다. 그림이 그려지기까지는 여러 요소가 작용하기 때문이다. 설명하는 사람의 언어 능력과 듣는 사람의 이해력, 운동 신경과 기억력도 영향을 미친다.

대화할 때 단어의 의미는 100% 정확하게 전달되지 않는다. 말하는 사람의 표현이 정확하지 않을 수도 있고 듣는 사람이 알고 있는 낱말만 받아들일 수도 있다. 아첨하는 사람은 상황을 상대의 의도에 맞추기 때문에 단어의 의미가 변질되기도 한다.

단어는 같지만 경우에 따라 뜻이 달라진다. '밥 먹었냐?' 라는 물음에 '응 먹었어.' 또는 '안 먹었어.' 라는 대답을 상상한다. 그러나 '나 감자 먹었어.' 라는 의외의 대답에 또 다른 의미를 갖게 한다.

상대에 따라서도 의미는 달라진다. 거지에게 물을 때는 끼니라도 때웠느냐는 말이고, 부자에게 물었을 때는 이번에는 무슨 요리를 맛보았느냐 라는 뜻으로 받아들인다. 시간에 따라서도 달라진다. 아침에 물으면 아침밥을 뜻하고 저녁에 물으면 저녁밥을 의미한다.

'돈 많이 벌어라.' 라는 말은 돈이 부족한 사람의 진정어린 말일 수도 있고, 너도 돈 많이 벌어 편하게 살라는 부자의 단순한 충고일 수도 있다. 문제는 상대의 믿음이다. 아무리 옳은 말과 많은 말을 전해도 받아들이지 않으면 대화 자체는 의미가 없다.

같은 말이라 해도 누가 말을 하느냐에 따라 무게는 달라진다. 말은 자체의 뜻도 중요하지만 말을 하는 사람의 신뢰성이 더 설득력이 강하다. 말도 힘이 실려야 의미가 강하다.

시대에 따라 언어도 변화한다. 같은 뜻의 고어와 현대어는 이해하기 어려울 정도로 동떨어져 있다. 현재 쓰고 있는 말들도 유행에 따라 모습을 바꾼다. 새로운 신조어가 끊임없이 생겨나고 편리한 대로 문법이 바뀌고 있다. 발음에만 적용되던 자음동화 현상이 문자 표기에도 전염병처럼 번지고 있다. '먹었다'는 '머것다' 혹은 '머거따'로, 'ㅠㅠ' 'ㅎㅎ' 등 언어 표기의 변화는 끝이 없다.

단어에 부여한 의미는 법과 같다. 이름 속에 담고 있는 뜻과 정의는 모두가 공유하는 변화의 집약이다. 공유하지 않으면 소통할 수도 공존할 수도 없다. 공동의식이란 같은 생각과 행동으로 세상을 맞추고 서로의 공통된 언어를 만들어가는 것이다. 문화와 전통이 같으면 의사소통이 쉽고 빠르다.

거짓말은 자기 방어를 위한 생존 전략

대화는 진실을 전제로 한다. 그러나 대화의 목적을 이루기 위해서는 과장된 언어도 서슴지 않는다. 상대의 기분을 맞추거나 선의의 거짓말을 하는 경우도 있다. 그러다보니 지루한 진실보다 자극적인 거짓말에 현혹되기 쉽다.

때로는 불리한 처지를 모면하기 위해 거짓말을 한다. 자신이 변하든지 상대를 바꾸려 든다. 자신의 의도를 은폐하기 위해 상황의 일부를 일시적으로 바꾸는 것이다. 본능적인 자기 방어 수단이다.

매일 쏟아내는 말들 중에서 진실은 얼마나 될까? 전달되는 과정에서 정보는 얼마나 확대되거나 축소되고 변질되는가. 거짓말은 탄로 나기 전까지는 진실 행세를 한다. 이를 뻔뻔스럽다고 탓하지만 그건 들통 난 뒤의 일이다. 거짓말이 가장 두려워하는 것은 양심이다. 양심 앞에 거짓말은 숨을 곳이 없다. 거짓말 한 사람이 남을 탓하면 변명이 되고, 그럴듯한 이유를 찾으면 자기 합리화가 되고, 자신을 탓하면 반성이 된다.

세상은 온통 진실을 숨기고 찾아내는 진실게임을 반복한다. 때로는 진실이 장애가 되기도 한다. 원만한 해결을 위해서는 진실과 상관없이 덮어주고 지나가야 할 때도 있다.

현실과 진실이 화합하지 못할 때 거짓말은 중개역할을 하는 것처럼 보인다. 정의를 부르짖던 사람도 상황이 불리하면 생각을 바꾼다. 말이 바뀌면 진실도 보호받지 못한다. 그러나 양심을 속이면 자신마저 부정하게 된다.

거짓말은 진실을 알기 전까지는 사탕처럼 달콤하다. 어느 선진국민의 경우 하루 평균 3회의 거짓말을 하고, 정직하게 사는 사람은 5%에 불과하다는 통계가 있다. 거짓말은 도의적 규제를 받지만 벌금을 부과하지는 않는다. 거짓말에 벌금을 물린다면 평생 얼마나 많은 벌금을 물어야 할까? 아마 다른 세금이 필요 없을 것이다.

진실이라 해도 믿지 않는다면 거짓이 된다. 누구나 불리한 경우 결과에 승복하는 게 쉽지 않다. 삶의 본질은 진실에 있는 것이 아니라 생존에 있기 때문이다. 거짓은 상대를 이기기 위한 속임수다. 대응하며 살다보면 말은 늘고 생각은 복잡해진다.

언어는 실로 인류발전에 지대한 영향을 끼쳤다. 하지만 거짓말로 인한 피해도 적지 않다. 많은 사람들이 거짓말에 속아서 고통을 당한다. 진실을 덮고 발전을 방해하고 정의와 도덕성을 해이시킨다. 사실 진실은 아무도 모른다. 믿음만이 진실이기 때문이다. 아무리 의도가 좋은 말일지라도 언제든 허물이 따르기 마련이다.

이야기는 잘 요리된 상상

분위기를 띄우려면 활력을 불어넣는 에너지가 필요하다. 그 에너지를 담고 있는 것이 재미있는 이야기다. 이야기는 상상을 불러일으킨다. 시간이 기억의 나열이라면 상상은 기억의 조합이라 할 수 있다. 이야기를 담는 작품들은 과거의 흔적과 상상을 조합한 농축된 에너지를 저장하고 있다.

긴 사건이 짧은 시간에 전달된다면 자극의 강도는 클 수밖에 없다. 역사가 흥미로운 것은 시간의 단축과 변화의 강도를 맛보는 즐거움 때문이다. 게다가 온갖 상상까지 더해진다면 인기드라마에 비하겠는가. 그래서 격동의 역사는 좋은 소재로 자극적이고 스릴 있는 사극으로 꾸며진다.

이야기는 스스로 변화한다. 신화와 전설은 오랜 시간 수없이 변화를 거듭한 농축된 이야기다. 구전되는 과정에서 이야기는 증폭된다. 시대에 맞게 구색을 갖추고 과장되고 미화되면서 각색을 반복한다.

언어는 사람을 쉽게 변화시킨다. 언어 속에 담긴 생각들이 충돌하여 엄청난 상상을 유발한다. 같은 단어를 듣고도 사람마다 각기 다른 상상을 하게 된다. 이야기는 어휘 속에 농축된 변화를 맛있게 요리한 상상이다. 사건의 과정을 변화 있게 짜 맞추어 잘 포장한 과자 상자와 같다.

서로에게 다가가기 위해서는 내용의 옳고 그름은 중요하지 않다. 말을 잘하는 사람은 옳은 말보다 원하는 말을 많이 하는 사람이다. 생계의 문제가 아니라면 논쟁은 무의미하다. 대화는 시비를 따지지 말고 즐기는 것이 좋다. 교제와 교감의 끈으로 활용하는 것이 좋다.

'으'와 '이'로 시작하는 한글 발음

언어는 문자와 음의 차이로 의사를 전달하는 도구다. 각 단어에 약속된 뜻을 담아 마음을 주고받는 통로이다. 6000여 개의 세계 언어 중에서 문자로 표현된 것은 200여 개에 불과하다. 그 중 한글은 세계에서 가장 단순하면서도 가장 과학적인 글자다.

1446년 세종대왕이 반포한 훈민정음은 28자로 만들어진 소리글자다. 모음 ㅏ, ㅑ, ㅓ, ㅕ, ㅗ, ㅛ, ㅜ, ㅠ, ㅡ, ㅣ와 자음 ㄱ, ㄴ, ㄷ, ㄹ, ㅁ, ㅂ, ㅅ, ㅇ, ㅈ, ㅊ, ㅋ, ㅌ, ㅍ, ㅎ(ㆁ, ㅿ, ㆆ, ㆍ)로 총 28자다.

그 창제 원리는 하늘과 땅과 사람이다. 하늘은 'ㆍ', 땅은 'ㅡ', 사람은 'ㅣ'이다. 그 발성은 하늘의 음인 'ㆍ', 즉 ㅇ(목구멍)을 땅인 'ㅡ'에 붙여 내는 소리 '으'와 사람을 뜻하는 'ㅣ'에 붙여 내는 소리 '이'를 바탕음으로 한다.

모음은 그 목구멍소리를 입모양의 크기로 6개의 기본 소리를 만든다. 큰 입모양 순으로 나열하면 아, 어, 오, 우, 이, 으이다.

모음은 '으'로 시작하는 으모음(ㅡ, ㅏ, ㅓ, ㅗ, ㅜ)과 '이'로 시작하는 이모음(ㅣ, ㅑ, ㅕ, ㅛ, ㅠ)으로 나눈다. 그리고 으모음은 으, 아(으아), 어(으어), 오(으오), 우(으우), 이모음은 이, 야(이아), 여(이어), 요(이오), 유(이우)로 발음한다.

자음인 닿소리는 소리 내는 기관의 모양을 본 따 만들었다. 그리고 자음의 발음은 으발음과 이발음으로 구분한다.

자음 : ㄱ, ㄴ, ㄷ, ㄹ, ㅁ, ㅂ, ㅅ, ㅇ, ㅈ, ㅊ, ㅋ, ㅌ, ㅍ, ㅎ
으발음 : 그, 느, 드, 르, 므, 르, 스, 으, 즈, 츠, 크, 트, 프, 흐

자음 : ㄱ, ㄴ, ㄷ, ㄹ, ㅁ, ㅂ, ㅅ, ㅇ, ㅈ, ㅊ, ㅋ, ㅌ, ㅍ, ㅎ
이발음 : 기, 니, 디, 리, 미, 비, 시, 이, 지, 치, 키, 티, 피, 히

한글은 자음과 모음을 결합하여 글자를 만들고 그 소리 내는 요령은 다음과 같다. 으발음은 으모음과, 이발음은 이모음끼리만 결합할 수 있다.

자음 : ㄱ, ㄴ, ㄷ, ㄹ, ㅁ, ㅂ, ㅅ, ㅇ, ㅈ, ㅊ, ㅋ, ㅌ, ㅍ, ㅎ
으발음 : 그, 느, 드, 르, 므, 르, 스, 으, 즈, 츠, 크, 트, 프, 흐
으모음 : ㅡ, ㅏ, ㅓ, ㅗ, ㅜ
으발음 : 으, 아, 어, 오, 우

자음 : ㄱ, ㄴ, ㄷ, ㄹ, ㅁ, ㅂ, ㅅ, ㅇ, ㅈ, ㅊ, ㅋ, ㅌ, ㅍ, ㅎ
이발음 : 기, 니, 디, 리, 미, 비, 시, 이, 지, 치, 키, 티, 피, 히
이모음 : ㅣ, ㅑ, ㅕ, ㅛ, ㅠ
이발음 : 이, 야, 여, 요, 유

받침은 모두 으발음으로 소리내되 'ㅇ'받침은 모두 '응'으로 발음한다. 단 모음 이의 'ㅇ' 받침은 '잉'으로 발음한다. 빙=비+이+잉

가의 발음은 '으'자음의 '그'와 '으'모음의 'ㅏ'(으아)를 차례로 붙여 짧게 발음한다. 그+아=가

갸의 발음은 '이'자음의 '기'와 '이'모음의 'ㅑ'(이아)를 차례로 붙여 짧게 발음한다. 기+야=갸

초=츠+오, 쵸=치+요. 흐=흐+으, 키=키+이 콘=크+오+느, 쟝=지+야+응, 남=느+아+므

변화의 저장, 기억

기억은 정보의 흐름이다.

기억은 감각기관이 정보를 수용하는 순간에 형성된 뇌신경세포들이다. 느끼거나 생각할 때마다 생성되는 세포는 기억의 구조가 된다. 이 구조를 따라 특수 물질이 이동하면 기억이 재생된다. 당시 형성된 세포의 경로를 따라 자극을 재현하는 것이다. 집을 찾아갈 때 오던 길을 따라가면 집으로 돌아갈 수 있는 원리와 같다.

기억은 뇌신경의 이동 거리와 관계가 있다. 뇌의 신경은 끊임없이 만들어지며 복잡한 연결체를 만든다. 반복되는 이동 거리는 무한할 정도로 길어진다. 기억은 정보의 뇌신경을 돌아다니는 시간인 셈이다. 시간을 기억하는 것도 이 때문이다.

시냅스는 신경 단위인 뉴런과 뉴런 사이의 접속 부위이다. 시냅스는 수백억 개의 뇌세포가 네트워크로 연결되어 기억의 구조를 만든다. 이러한 시냅스는 1초에 수천 개가 형성된다. 이러한 뇌구조가 무한대로 늘어나는 것은 아니다. 소교세포는 사용하지 않거나 손상된 세포를 수시로 잘라낸다. 그리고 자기만의 뇌세포 유형을 만드는데 이것이 고정된 사고방식이다. 한번 형성된 신경세포는 소멸되기 전까지 영구히 저장된다. 기억이 상실되는 경우는 세포가 손상되거나 단절될 때이다.

지식은 정보 덩어리이다. 학습하는 순간 규칙성의 회로를 통해 정신세계를 반복하여 돌아다닌다. 학문은 규칙성에 갇힌 변화를 잡아두는 체계이다. 여행, 독서, 대화, 교감, 교육 등을 통해 정보가 이동하든지, 사람이 정보를 만나며 상대적 이동을 한다. 이러한 모든 행위는 변화의 축적이며 기억이다.

컴퓨터의 저장방식도 마찬가지다. 반도체 칩 속에 무수한 흔적을 남기면 그 정보를 전류가 흐르면서 전달한다. 전류를 잡아두는 축전기처럼 기억은 두뇌 속에 정보를 잡아둔다. 지식은 정해진 집적회로를 끊임없이 이동하는 것이다. 규칙적인 체계 속을 전기에너지를 통해 정보를 계속해서 잡아 돌리는 방식이다.

어른과 아이는 신체보다 뇌의 정보 차이가 크다. 그러나 나이가 들어 뇌세포가 감소하고 회로의 공간이 작아지면 기억은 감퇴된다. 서로 연결된 뇌신경이 막히거나 소멸되면 기억은 재생되지 못한다.

육체는 죽어도 그 흔적은 세상을 이동하며 전설로 남는다. 역사는 기록 속에, 문화는 대중 속에 끊임없이 회자되며 저장되는 것과 같다. 역사가 사라지지 않는 것은 후세에 대를 이어 전달되기 때문이다.

기억은 연계하여 저장되고 재생된다.

감각을 통해 들어온 정보들은 기억과 작용하여 또 다른 정보를 만든다. 증폭되고 상쇄되고 조합하며 생각을 창출한다. 기억은 또 다른 상상과 만나 연쇄반응처럼 생각을 이어간다. 기억의 판을 까는 셈이다. 그리고 새로운 정보가 유입될 때마다 바둑판에 바둑알을 조합하듯이 또 다른 기억을 깐다. 마치 논문을 인용하여 새로운 논문이 쓰이는 것처럼 지식은 축적된다.

기억은 얽혀 있다. 감각 끼리 연계하여 저장되기 때문이다. 시각은 청각, 후각, 미각, 촉각 등이 서로 연결되어 기억되는 것이다. 이를테면 바다를 기억할 때 푸른색과 해초 냄새, 파도 소리, 해변에서 마시던 청량음료 맛이 동시에 기억된다.

기억을 재생하려면 상상으로 퍼즐을 맞추듯 연계된 실마리를 잡고 찾아간다. 붉은 장미를 보면 장미에 관한 음악이 생각난다거나, 식탁 위에 장미 꽃병이 놓인 저녁 식사가 떠오른다. 이미지는 기억의 연상으로 형상화 된다. 메모나 기록은 기억의 도화선이 되기도 한다. 기억은 이미 가상의 세계다. 기억 중 일부만 떠올리면 현실감과 거리가 멀어지고 재생의 정도가 낮아진다.

기억은 편집된다. 외부의 새로운 변화로 상쇄되기도 한다. 반대로 부족한 변화가 보완되어 증폭되기도 한다. 같은 변화가 저장되어 있으면 더 이상 저장되지 않고 반사한다. 기억의 재생에 의한 변화이므로

쓸수록 기억은 강화된다. 그러나 똑같은 변화가 반복되면 변차가 작아져 감도는 떨어져 염증을 느낀다. 효용체감의 법칙과 같다.

불확실한 기억은 상상으로 보완한다.

사실에 대한 기억은 해마에 저장하고 감정적인 기억은 뇌 전체에 저장된다. 그러나 100% 기억되거나 재생되지 못한다. 또한 세포가 손상되어 단절되기도 한다. 연계된 10개의 기억 중 7개만 기억 한다면 3개의 기억 신경이 끊어진 것이다. 기억은 실제와 일치하지 않는다. 그 정확도는 감각에 따라 감정에 따라 다르다.

기억은 정보와 상상의 조합으로 저장된다. 그 때문에 새로운 변화에 의해 끊임없이 변형된다. 기억은 시간이 지나면서 만들어진다. 불확실한 기억은 업데이트되고 진화한다. 보통 1년이 지나면 기본 기억은 40%, 감정은 60%가 변한다고 한다. 손실된 기억은 상상에 의해 보완되지만 다른 기억으로 착각하기도 한다.

자기 생각이라고 내놓는 의견은 진실이라기보다 추측인 경우가 많다. 우리가 보는 사물과 현상들은 그 실체는 30%이고 70%는 상상이거나 기대치다. 오감의 감지도와 기억이 완벽하지 못하기 때문이다.

어떤 현상을 대할 때마다 우리는 늘 상상의 도구를 꺼내든다. 기억 또한 재생되는 과정에서 사물을 보는 것처럼 부족한 부분을 상상으로 보완한다. 상상력은 기억의 통제를 받으며, 기억은 본능의 조종을 받는다.

어제 밥을 먹었다는 기억은 과거 밥을 먹던 기억으로 보정되거나 상상으로 바뀌기도 한다. 시간은 저장된 기억의 순서로 인식한다. 기억의 순서를 잃으면 시간도 사라진다. 만약에 기억이 상상으로 증가하거나 감소한다면 느끼는 시간 역시 느리거나 빠르거나, 혹은 길거나 짧아진다. 기억은 습관에 의존할 경우 착오를 일으키기도 하고 사실과 다르게 미화되기도 한다.

만물은 오감에 의해 인식한다. 그러나 제한된 감각으로는 모든 존재를 발견하지 못한다. 존재해도 인식하지 못한다면 없는 것과 같다. 오감에 갇힌 의식 세계는 한정된 공간인지도 모른다. 하지만 보이지 않는다고 없는 것이 아니다. 들리지 않는다고 사라진 것은 아니다.

그래서 존재와 무관하게 상상을 하게 된다. 하나의 정보만 있어도 기억된 정보들과 작용하여 무한한 상상이 엮어진다. 상상은 담아둘 마음의 공간이 필요 없다. 상상 자체가 마음이기 때문이다.

별을 관찰할 때 100년도 안 되는 짧은 수명을 가진 사람이 수억 년이 걸리는 별을 답사하기란 불가능하다. 무한에 가까운 거리와 시간을 수용할 수 있는 것은 상상만이 가능하다. 그러나 상상은 진실을 확증하지 못한다. 불확실한 기억에 의존할 경우 의견충돌이 난무할 수밖에 없다. 서로 인정하고 믿는 것이 곧 진실이 된다.

현실을 머릿속에 담는다 해도 기억은 결국 상상을 닮는다. 기억은 잊히거나 상상으로 보완되어 사실과는 멀어진다. 현실과 상상은 차이가 없다. 우리는 허상의 공간 속에 살고 있는 셈이다. 보이는 대로, 원하는 대로 믿고 서로 사는 수밖에 없다. 믿음도 거래를 한다. 상대가 믿어주면 나도 믿어주는 품앗이다.

기억은 변화를 인식하는 기준이 된다.

기억은 차이를 만드는 기준이 된다. 기억이란 기준이 있어야 그 차이로 만물의 현상을 인식할 수 있다. 어제 붉은 꽃을 보고 오늘 하얀 꽃을 보면 붉은 꽃이 기준이 되어 그 차이가 하얀 꽃이 된다. 크고 작은 두 막대가 차이가 나는 것은 둘 중의 어느 한 쪽이 기준이 되기 때문이다. 먼저 본 한쪽을 기억하고 그 기억이 기준이 되어 다른 한쪽과의 차이로 상대의 존재를 인식한다.

10을 이해한다는 것은 0에서 9까지의 숫자를 알고 있다는 것이다. 그 안의 숫자는 크기에 따라 순서와 위치가 정해진다. 순서가 곧 숫자의 의미인 셈이다. 순서는 기억이 기준이 되어 결정된다. 기준과의 차이가 순서가 되고, 크기가 되고, 의미가 된다. 원운동을 하는 물체는 순서를 기억하지 않으면 시작과 끝이 구분되지 않는다.

기억의 중요한 역할은 과거의 변화를 재생하는 것이다. 과거의 순서를 인지하면 현재를 느끼고 미래를 상상할 수 있다. 과거와 현재 그리고 미래의 인식은 감지도의 차이다. 생생할수록 현재에 가깝게 인식한다. 어제 본 사과의 기억을 떠올려 그린 그림과 똑같은 사과를 눈앞에 놓고 그린 그림은 차이가 난다. 그 차이가 어제와 오늘의 차이다.

순서를 이해하려면 감각의 차이를 기억할 수 있어야 한다. 뇌의 기능이 떨어질수록 기억의 용량도 감소하여 시간의 길이를 다 담을 수가 없다. 대용량의 컴퓨터는 많은 정보량을 담을 수 있어 무한에 가까운 숫자를 순서에 따라 정리 할 수가 있다. 사람에 비해 기억의 용량이 큰 컴퓨터는 정확하고 망각이 없다.

책은 문자를 저장하고 컴퓨터 메모리칩은 문자는 물론 동영상까지 많은 용량을 저장한다. 책과 컴퓨터의 기록들은 미래의 변화를 인식하는 기준이 된다. 뿐만 아니라 기억은 자기 시간을 늘리는 수단이 된다.

스케치가 각자 다른 이유

스케치의 과정을 천천히 따라가 보자. 먼저 피사체를 기억한 뒤 캔버스 위에 기억을 투영한다. 피사체의 기억이 기준이 되어 백지와의 차이를 연필 선으로 이어간다. 잠깐이지만 시간이 흐르면 그 기억은 흐려진다. 눈은 다시 피사체를 보거나 상상을 가미하여 그려간다.

사과를 그린다면 사과의 기억을 백지 위에 투영한 뒤 백지와의 차이를 그리는 것이다. 그런데 묘하게도 하나의 피사체를 놓고 여러 사람이 스케치를 하면 그 그림들이 모두 같지 않다. 사과를 그리는데 둥글게 그리지 네모나게 그리진 않는다. 공을 기준으로 하면 차이가 적고 네모난 상자를 기준으로 하면 차이가 크다. 차이가 적은 형태를 따라 그리면 정확한 그림이 된다.

그림에 차이가 나는 것은 기억 때문이다. 기억은 감지된 모든 현상을 저장하지 못한다. 다만 압축된 몇 가닥만 저장했다가 상상으로 보완하여 재생한다. 이때 감각과 운동 신경의 차이도 영향을 준다.

사람이 느끼는 정도는 집중력이나 감각에 따라 다르다. 기억력의 정도에도 개인차가 있다. 스케치를 잘하는 사람은 감지도가 예민한 사람이거나 기억이 좋은 사람이다.

기억은 관심도에 따라 다르다. 상황에 따라 집중 정도가 다르다. 경기장에서 모두가 환호하며 즐기던 장면도 기억하지 못하는 경우가 있다. 화장실이 급했거나, 배가 고파 빵을 먹고 있었거나, 다른 고민에 빠져 집중하지 못했을 수도 있다. 1초 전은 기억 못해도 10년 전은 기억한다. 본인은 기억하는데 상대는 기억하지 못한다.

꿈은 컨디션의 연상 기억이다.

잠은 활동 에너지를 낮추어 심신을 회복시킨다. 누적된 피로를 덜어내고 손상된 세포도 회복하고 에너지도 충전한다. 자고나면 전 후의 차이가 커져 감각이 명쾌해진다. 잠은 감각을 높이기 위한 자구책인 셈이다.

일이 만족스러우면 단잠을 잔다. 그러나 걱정이 있거나 불안하면 잠을 깊이 못 이룬다. 이 때 흔히 꿈을 꾼다. 꿈을 꾸는 것은 부족한 변화를 채우는 생체 변화다.

꿈은 잠자는 동안 심신의 상태와 연계하여 일어나는 기억의 연상이다. 몸의 컨디션과 기억이 얽히며 나타나는 상상이다. 잠을 자다가 심한 갈증을 느꼈다면 갈증을 느꼈던 과거 기억들이 떠오르며 꿈으로 연상된다. 이렇게 신체적인 기분에 따라 연상되는 경험들이 잠을 자는 동안 복합적으로 만들어진다.

꿈은 시간을 초월한 것처럼 진행된다. 시각적으로 마치 환영을 본 것처럼 시공간을 넘나든다. 꿈이 시간을 인지하지 못하는 것은 변화가 뚜렷하지 않기 때문이다. 과거와 현재의 차이가 바로 감지도의 차이인 것처럼 감지도가 애매해지면 시간의 경계가 무너진다.

꿈은 잠을 깨고 난 후 기억하지 않으면 알 수가 없다. 기억한다는 것은 꿈의 자극이 뇌 속에 저장된 것이다. 그 저장된 것은 감각이 느끼는 자극은 아니다. 기억들이 충돌하거나 조합으로 만들어지는 상상이다. 혹은 세포 내에 저장된 변화가 잠재적으로 활동하는 것일 수도 있다.

자기의 의지대로 꿈을 꾸지 못하는 것은 몸의 컨디션에 따라 연상이 달라지기 때문이다. 꿈은 만들어지는 것이 아니라 기억의 실마리로 이어간다. 그 실마리는 신체의 느낌으로 선택된다.

우리는 컨디션에 따라 생각하고 행동한다. 생활 유형은 자연스럽게 그에 따라 계획되고 진행된다. 목이 마르면 물을 찾아가듯이 잠을 자면서 신체의 기분에 따라 본능적으로 상상하며 꿈을 꾼다. 그 기분은 잠이 깨고 나서도 그 현실로 이어질 확률이 크다.

꿈은 기억의 잔상들에 의해 나타나는 후속 작용이다. 감각으로 감지되지 못한 미세한 요인들이 신체 일부에 잠재되어 있다가 상황에 맞추어 일어나는 상상일 수도 있다. 꿈이 상상보다 더 현실감 있게 느껴지는 것은 믿음 때문이다. 꿈은 소망과 같은 것이어서 가끔은 예견처럼 기다리다 재현되기도 한다.

또 하나의 세계, 마음

정보가 집적되어 마음이 된다.

마음은 외부의 정보와 내부의 상상을 모아 만들어진다. 사람은 자주 만나 사귀다 보면 많은 정보를 나누게 된다. 사람끼리는 물론 주변 생물이나 환경과도 교감을 이룬다. 감지된 정보는 기존의 마음속 정보와 반응하여 생각이란 또 다른 정보를 연쇄적으로 만들어낸다. 마음은 끊임없이 늘어나는 정보의 집합체인 셈이다.

컴퓨터는 많은 정보의 집적으로 가상의 존재를 만들어낸다. 슈퍼컴퓨터에 많은 정보를 저장하고 미래의 적을 방어하는 시스템과 같은 것이다. 일종의 시뮬레이션과 같다.

두려움은 물리적인 외부의 위험을, 역겨움은 세균과 같은 내부의 위험에 대비하는 생존 본능이다. 생물은 본능만으로 살아간다. 그러나 사람은 복잡한 마음을 가졌다. 그 이유는 생존을 위해 늘 현실의 적은

물론 가상의 적에 대비해야하기 때문이다.

겁 많은 인간은 늘 적을 경계하고 걱정한다. 적과 환경의 변화에 대비하기 위해 가상의 적을 설정한다. 기억하여 조합하고 상상하며 가상의 적, 미래의 적을 만들어낸다. 늘 가상의 적에 대비하는 또 다른 나를 만들어 낸다. 적은 나의 대립자이다.

신체를 보호하기 위해 정보를 조합하여 만들어 낸 가상의 존재가 마음이다. 타고난 성격이나 품성 이외에 후천적으로 형성되는 또 다른 나일 수 있다. 대응하는 행동이 상황에 따라 다르고, 세월이 지나면서 변하는 성격을 보면 알 수 있다.

꿈은 변화에 대한 믿음이다.

꿈은 늙지 않는다. 꿈이 있다는 것은 아직 젊다는 것이다. 가난한 사람도 꿈만은 크고 화려하다. 성공할 수 있다는 기대만으로 삶은 활력이 넘친다. 희망은 존재의 이유다.

희망은 변화에 대한 욕구이고, 변할 수 있다는 믿음이자 기쁨이다. 꿈은 상상이다. 꿈은 참고 견디면 언젠가는 이루어진다. 미래를 향한 강력한 욕망이기 때문이다.

꿈은 실현할 수 없다 해도 완성할 수는 있다. 허황된 꿈이라도 의미를 부여하면 가치가 생겨난다. 가난한 사람은 부자가 될 기회를 노리고, 약한 자는 권력을 잡을 기회를 엿본다. 강렬한 욕구와 의지는 변화를 꿈꾼다. 상상을 불러와 미래를 꿈꾸는 환상의 그림자는 이미 마음속에 그려져 있다.

사람들은 희망이란 여백을 지니고 태어난다. 비어있는 만큼 채울 공간이 크다는 뜻이다. 꿈을 품으면 그 공간을 채우기 위해 현실을 끌어 모은다.

세상에 대한 관심과 흥미가 치솟고 어떤 고난도 마다하지 않는다. 온몸을 던져 인내할 준비가 되어 있다. 목표를 향한 시간은 아깝지 않다. 자신의 삶을 사랑하기 때문이다.

꿈은 끊임없이 상상이란 변화를 제공한다. 정상에 올라 꿈을 이루고 나면 다시 꿈으로 이어가야 한다. 황홀한 상상이 바닥났을 때, 더 이상 삶의 변화를 추구할 수 없을 때 느끼는 절망감이 오히려 두렵다.

한 순간의 성공으로 기다림과 인내의 고통은 사라진다. 정상에 오른 순간 기쁨은 오랜 고난을 덮는다. 그러나 그 과정이 곧 삶이란 것을 깨닫는 데는 긴 시간이 걸리지 않는다. 꿈 역시 이루는 순간 사라진다는 것을 미처 생각지 못할 뿐이다.

반복되지만 지루하지 않는 이유

즐거운 일도 반복될수록 기쁨은 체감된다. 감도가 떨어지면 싫증이 난다. 계속 먹는 음식은 식상하고 다시 듣는 얘기는 재미가 없다. 사람은 아무리 만나도 그립다. 수 없이 사람을 만날 수 있는 것은 외모가 다르고, 성격이 다르고, 상황이 바뀌기 때문이다. 다르기 때문에 끌리는 것이다.

숨은 계속해서 쉬지만 지루하지 않다. 숨을 통해 변화무쌍한 생명을 유도하기 때문이다. 숨을 들이쉼으로 몸 안에 에너지를 만들고 에너지는 온갖 활동을 꾀한다. 반복되는 식사가 질리지 않는 것도 배고플 때마다 음식 맛이 달라지기 때문이다. 요리 재료나 요리법이 바뀌고, 식사 방식이나 식단이 바뀌는 것도 맛을 변화시키는 요령이다.

분위기에 맞추어 기분대로 추는 춤은 편안하고 즐겁다. 동작 하나하나를 기억하며 추는 춤은 즐겁지 않다. 춤이 즐거운 이유는 동작을 쉽게 잊어버리기 때문이다. 망각의 순간마다 동작은 새롭다. 반복은 리듬으로 이어진다. 규칙적인 율동은 변화의 연속이다.

무슨 일이든 반복되면 밋밋해진다. 기억하기 때문이다. 아름다울수록 아름답지 않다. 나이를 먹을수록 매력이 사라진다. 웃길수록 웃기지 않는다. 차이가 주는 자극이 둔해지기 때문이다.

아름답다고 느끼는 순간이 가장 아름답다. 첫눈에 반할 때의 그 자극이 마음을 뒤집어 놓는다. 사탕도 입안에 넣는 순간이 가장 달다.

안하는 것과 못하는 것은 다르다.

기회가 없어서 못한 것과 기회가 있어도 하지 않는 것은 다르다. 담배를 못 피우는 것과 안 피는 것이 다르고, 술을 못 먹는 것과 안 먹는 것이 다르다.

우리는 알고도 실천하지 못하는 것들이 많다. 실행하지 않거나 능력이 부족할 수도 있다. 돈이 없어 못쓰는 것과 있어도 안 쓰는 것은 결과는 같으나 사정은 다르다.

못하는 것은 쉽지만 안하기는 어렵다. 능력이 없으면 쉽게 포기할 수 있다. 그러나 능력이 있으면 포기하는데 의지가 필요하다. 먹을 것이 없어 배고픔을 참는 경우와 차려진 음식 앞에서 참는 경우는 다르다. 있어도 먹지 않는 것은 다른 목적이 있는 것이고, 없어서 먹지 않는 것은 오직 고통을 견디는 일이다.

소인배에게는 결코 포기 하지 못하는 것이 있다. 기회와 이익이다. 이는 손해보고 못사는 사람이다. 또한 기회가 오면 선악을 가리지 않는다. 안하는 것은 이익을 포기하는 것이고, 못하는 것은 체념하는 것이다. 누가 자신을 희생하며 남이 잘되기를 바라겠는가? 안하는 것도 못하는 것도 모두 이유가 있다. 도둑질할 기회가 있는데 안하는 것은 양심이 두려운 것이고 못하는 것은 처벌이 두려운 것이다.

못하는 것은 생존의 본능과 싸우지만 안하는 것은 자신의 욕구와 싸워야 한다. 우연히 길을 가다가 여러 사람이 보는 가운데 금덩이를 주워 주인을 찾아주었다. 혼자 갖고 싶어도 주위 시선이 있어 자기 것으로 챙기지 못한 것이다.

모르는 게 약이란 말이 있다. 이는 두려움을 모른다는 뜻이다. 아예 모르면 두려움이 생길 리가 없다. 나쁜 감정은 좋은 감정을 상쇄시킨다. 좋은 것을 모르는 것이 아니라 나쁜 것을 모르는 것이다. 안할 것도 못할 것도 없는 것이다.

욕심이 끝이 없는 이유

욕심은 부족한 공간을 채우려는 욕구이다. 생명이 있는 한 늘 욕구의 갈증을 느낀다. 채우기 위해서는 빈 공간이 필요하다. 그 공간은 물질과 마음으로 채운다. 채운다는 것은 통상 의식주를 해결하고 사람답게 사는 행위 일체를 말한다.

욕구는 변화에 대한 배고픔이자 꿈을 채울 때까지 기다리는 공복감이다. 변화를 먹고사는 사람에게 욕심은 끝이 없다. 그러나 더 큰 이유는 생존 경쟁에서 멈추면 먹히기 때문이다. 포기하는 순간 빼앗기거나 잃게 된다.

모두가 욕구를 채울 그릇을 가지고 있다. 욕심이 많은 사람을 두고 그릇이 크다고 말하기도 한다. 기준에 따라 달라지는 상대적인 표현이다. 물그릇은 그릇에 기준을 두면 물이 적고 물에 두면 그릇이 크다. 그러니 아무리 물을 채워도 그릇을 키우면 부족하고 그릇을 작게 하면 넘치게 된다. 같은 욕심이라 해도 기준에 따라 크기가 달라진다.

욕심은 배고픔이다. 늘 배가 고픈 사람이 멈출 리가 없다. 채우는 순간 만족은 사라지고 다시 만족을 위한 욕구가 일어나는 현상이 반복된다. 욕심은 과시욕이 한 몫 한다. 가진 자들은 자기 과시를 위해 더욱 집착하게 된다.

뻔뻔하다 못해 막무가내는 사람이 있다. 죄를 짓고도 벌은 받기 싫고, 물건은 탐이 나는데 돈은 내기 싫다. 실수는 했는데 욕먹기는 싫고, 모든 게 부족한데 죄다 누리고 싶은 것이다.

채워도 멈출 수 없는 것이 욕심이다. 만족감은 또 다른 갈증을 유발한다. 정상에 올라도 하늘의 별을 따고 싶은 이유다.

화를 내는 것은 인내가 허물어지는 소리다.

'걱정해서 걱정이 없어지면 걱정이 없겠네.'란 티베트 속담이 있다. 걱정은 문제의 해결책을 찾지 못해 고민하는 욕구불만이다. 욕구가 많을수록, 강할수록 걱정은 많이 생겨난다.

걱정은 마음속의 에너지를 쇠진시킨다. 화는 욕구불만의 표출이다. 큰 에너지를 발산하기 때문에 긴장감이 높아져 감각이 예민해진다. 감정 조절이 어려워지고 이성을 잃는다.

살다보면 많은 일들이 뜻대로 되지 않는다. 그 때마다 불만이 쌓이고 감정은 고조된다. 억누르던 감정은 어느 순간 폭발하고 만다. 분노는 먼저 욕설로 표출된다. 그 욕설은 상대를 향하게 된다. 그 이유는 감정을 털어버리기 위한 화풀이거나, 잘못을 남의 탓으로 돌리기 위한 꼼수거나, 남을 비하함으로서 자존감의 상대적 상승을 노리는 것이다.

화를 잘 내는 사람은 감성이 예민하고 성격이 급하다. 일을 빠르게 진행시켜 자기 시간을 늘리고 싶은 조바심 때문이다. 변화의 수용 능력이 뛰어나거나 자기 생각만을 믿는 단순한 사람일 수도 있다.

자신의 생각을 가두어버리는 것이 고정 관념이다. 틀에 박힌 사고 방식은 융통성을 잃는다. 대인 관계에서 생각은 공기처럼 잘 소통이 되어야 한다.

화를 내는 목적은 감정을 표출하여 상대를 압박하거나 상황의 전환을 꾀하는데 있다. 화는 전파력이 강해서 쉽게 변화를 일으킨다. 화는 일시적인 효과는 있지만 그 충격과 손실을 감당해야 한다. 분노는 가슴에 맺힌 불만의 경계가 허물어지는 소리다.

정상인이라면 이유 없이 화를 내지는 않는다. 원인은 대부분 이해관계와 얽혀 있다. 비난의 대상 역시 손해를 입힌 사람을 향한다. 기쁨은 걱정을 해결할 때 받는 선물이다. 화를 내지 않는 방법은 매사에 감사하는 것이다. 작은 화를 참으면 화목을 얻고, 큰 화를 참으면 덕을 얻고, 모든 화를 참으면 복을 얻는다.

질투는 존재 상실에 대한 적대감이다.

존재감은 삶의 이유이다. 정보를 퍼뜨리는 것은 존재감을 나타내기 위한 것이다. 떠도는 소문이나 매체를 통한 언론 역시 존재감을 표출하는 방법이다. 변화를 즐기는 사람들은 진위와 상관없이 재미로 정보를 흘린다. 기자들이 자극적인 뉴스거리를 찾아다니는 것도 변화에 목말라하는 대중을 겨냥한 것이다.

인지도가 높다는 것은 존재감의 확산이라 할 수 있다. 잘난 체 하고 허풍을 떠는 것도 인지도를 부각시키는 수단이다. 사람들은 대립자의 인지도 확산을 경계하고 싫어한다. 상대의 인지도가 부각될수록 자신의 존재감이 상대적으로 밀리거나 가려지기 때문이다. 왜 남이 잘못되기를 바라는가? 경쟁자가 무너지면 상대적으로 존재감이 높아지기 때문이다.

경쟁 상대에 대한 감정은 예민할 수밖에 없다. 상대의 승패가 곧 나의 문제와 직결되기 때문이다. 내가 아무리 잘해도 상대가 더 잘하면 상대적으로 나는 뒤처질 수밖에 없다. 상대의 존재가 부각될수록 나의 존재는 그늘에 가리게 된다. 감정이 좋을 리 없다.

시기 질투는 존재감을 빼앗긴 데 대한 적대감이다. 우리는 그토록 먹고 싶은 밥을 먹으면서도 밥걱정을 한다. 사랑에 빠질수록 불안감이 커진다. 돈이 많아도 돈을 걱정한다. 경쟁에서 잃을까 두려운 것이다.

변화의 흔적, 역사

제사는 죽은 자와 함께 사는 전략이다.

물건은 필요 없으면 쓰레기가 된다. 사람도 할일이 끝나면 돌아가고, 꿈도 이루고 나면 잊혀진다. 삶의 이유가 사라지면 영혼도 육체를 떠나지 않는가. 그래서 인간은 영원히 살 수 있는 방법을 찾게 되었다. 후손을 남기는 자가 복제다. 그것도 만약을 위해서 다수를 남긴다. 후손은 자신의 형질을 나누어 가진 분신이다.

가문을 잇는 다는 것은 혈통과 전통을 이어받는 것이다. 혈통은 DNA를 물려받은 것이고 전통은 재산과 명예를 물려받은 것이다. 이 또한 후손에게 남겨 삶을 누리게 하는 수단이다. 혈통을 잇는다는 것은 단순히 유전자를 물려받는 것만은 아니다. 양자를 들이는 경우가 그렇다. 대를 잇는 목적은 유전자뿐만 아니라 정통성을 보전하는 것이다.

과거에는 사후에도 벼슬이 세습되어 가문의 영광은 이어졌다. 산 자가 죽은 자의 비호를 받았다. 조상의 신분은 후손의 보호막이이 되고 재산과 가문의 상속은 부귀영화를 누리는 토대가 되었다.

죽은 자의 부와 명예는 오로지 후세의 몫이 되었다. 신분을 인정받으면 사회적 우대를 받고 편안한 삶을 누릴 수 있었다. 간혹 세력을 규합하기 위해 죽은 자의 후광을 앞세워 대중을 호도하는 악령들도 생겨났다.

생전의 행적은 살아있는 사람들의 기억이나 기록 속에 저장된다. 이는 족보와 제사를 통해 충과 효는 대를 이어 지켜진다. 죽어도 영혼은 살아 있다. 그래서 반역을 꾀한 역적은 혼을 끊기 위해 삼족을 멸했다. 물론 영혼과 교류할 수는 없다. 육체를 잃으면 그 수용체가 사라지기 때문이다. 그러나 남은 자들은 끊임없이 영혼을 부른다.

젯밥을 얻어먹는다는 것은 후손이 가문을 유지한다는 뜻이고, 이는 곧 혼백 자신이 누리는 것과 같다. 젯밥을 먹고 싶은 것이 아니라 함께 살고 싶은 것이다. 선조와 후손의 거래는 상호 생존 전략이기도 하다. 역사가 과거의 주인을 찾는 것이라면 제사는 주인의 권리를 찾는 것이다.

제사는 정통성을 물려받는 수단이다. 왕조와 가문은 그 뿌리와 전통을 인정받기 위해 제례의식을 활용하였다. 후손의 봉사를 통해 선조는 영생한다고 믿었다. 제사를 지냄으로서 혼령의 존재를 인정하고 동기감응으로 정신적인 결속을 다졌다.

제사는 죽은 영혼과 소통하며 함께 사는 방법이다. 조상신에게 제물을 올리며 기도한다는 것은 자신의 과거로부터 마음의 평안을 얻는 무언의 거래인지도 모른다.

역사는 기획되는 것이 아니다.

중력은 지구 중심에 가까울수록 커진다. 높은 산보다 낮은 골짜기에서 더 크다. 물은 중력의 차이에 의해 자연스럽게 지구 중심을 향해 흐른다. 시대의 흐름 역시 변화의 균형을 향한 자연스런 과정이다. 그 중심은 미래에 있다. 우리는 현재를 걱정하지만 그것은 미래에 대한 두려움이다. 이를 해결하기 위한 답은 늘 과거에서 찾는다. 역사를 기록하는 이유이다.

기억이 없으면 과거는 없고, 흔적이 없으면 역사는 없다. 하나의 역사를 이해하려면 더 크고 오랜 역사가 필요하다. 하루살이보다 더 긴 수명을 지닌 사람이 모기를 연구할 수 있다. 그렇다면 인간의 수명보다 훨씬 긴 우주의 역사를 어떻게 탐구하는가? 그것은 시간을 집약시킨 역사면 가능하다.

인류가 생존의 흔적을 남기면 기억하는 누군가는 미래를 위해 기록한다. 이를 토대로 방향을 찾고 실패의 반복을 막는다. 역사는 과거만을 저장하는 것이 아니다. 기록의 해석과 상상으로 미래를 연장한다. 다양하고 무한한 변화를 창출한다. 그래서 역사는 왜곡되거나 기획되어서는 안 된다.

역사는 기록될 뿐 만들어지는 것이 아니다. 의도적으로 기획된다 해도 수많은 변수에 의해 방향을 튼다. 역사를 위해 세상일이 꾸며지는 것은 아니다. 다만 시대는 본능과 적응에 따라 진화한다.

하나의 발명이 세상을 바꾼다. 생존의 방식이 세상의 흐름을 바꾼다. 욕망을 채우는 흔적이 역사다. 시대의 풍랑 속을 요령껏 헤엄쳐갈 뿐이다.

기록만으로 역사의 의미를 논하기는 어렵다. 과거만으로 역사의 의미를 부여하진 않는다. 역사는 시간의 길이에 상관하지 않는다. 짧아도 의미 있는 사건은 역사의 흐름을 바꾼다. 섬광처럼 빠른 순간이 지나갔어도 그 충격은 미래의 강물을 뒤집는다.

시대가 인물을 지목한다.

능력의 차이가 계급과 신분을 나눈다. 차이가 나면 승진이 되고 지도자가 된다. 결코 따라잡을 수 없는 차이가 나면 성인이 되고 신이 된다. 영웅이나 성인군자는 세상을 위해 자신을 희생하거나 베푸는 사람이다. 사람들은 이들을 신봉하지만 자신이 그 자리에 서고 싶어 하지는 않는다.

흔히 세상일을 원인이 하나인 것처럼 생각한다. 열쇠 하나로 잠긴 문을 여는 것처럼 하나의 답으로 해결하려 한다. 자비만으로 세상을 바꾸고, 법 하나만으로 나라를 개혁하고, 오직 실력만으로 출세할 수 있다고 믿는다. 그러나 온갖 변수가 작용하는 세상에 답은 하나가 아니다. 답을 찾았다 해도 세상이 원하는 것 중 하나일 뿐이다. 기다릴 줄도 알아야 한다. 때를 기다리는 것은 세상의 뜻에 맞추는 것이다.

잘 살아간다는 것은 시대에 맞게 사는 것이다. 순응하다보면 시대를 닮고 시대에게 아부도 하게 된다. 시대는 상황에 맞는 자를 원한다. 시대는 필요에 따라 인물을 선택하기 때문에 필요하면 마녀도 지목한다. 때로는 세상도 실수를 한다. 선을 모르고 악을 잘못 선택하기도 한다.

수많은 모래바람이 사막의 모습을 바꾸어 놓는다. 모래 같은 군중이 세력을 만들어 시대를 바꾸기도 한다. 별다를 것 없는 작은 돌풍 하나가 큰 소용돌이를 일으키고, 모두가 주목하는 역사적 흔적을 남기는 인물이 되기도 한다. 놀랄 것도 없다. 사람이니까 할 수 있다. 세상에는 무슨 일이든 일어날 수 있다.

인류의 발전은 한 사람만의 힘으로 이루어진 것이 아니다. 군중은 사막의 모래알이며 바람은 시대의 흐름이다. 바람은 모래를 부르고 시대는 인물을 부른다. 지목된 인물은 시대가 요구한 대로 역사의 키를 잡는다. 상황에 따라 지인이 되고 덕인이 되고 무인이 된다. 그 과정 속에서 인물이 지목되고 만들어진다.

사람은 비슷하다. 그러나 때를 만나면 작은 차이가 큰 차이로 증폭한다. 하늘과 땅 차이의 인물로 변모시킨다. 승자는 신화를 남기고 패자는 전설을 남긴다는 말이 있다.

역사는 승자의 것이다. 약소국인 한반도는 외세의 침략으로 5000년을 견뎌냈다. 그러나 역사에 대한 평가는 사가와 시대에 따라 다르다. 뜻은 같다 해도 결과는 다르다. 한 사람은 잃은 자이고 한 사람은 얻은 자이다.

때로는 의외의 사람이 등장하여 시대를 이끌기도 한다. 전시에는 강한 자를 평화 시에는 현명한 군자를 선택한다. 굳이 말하자면 능력보다 필요에 의해 선택된다.

역사의 소용돌이 속에서 인물은 만들어지고 시대가 주인공을 지목한다. 사회가 인물을 만들어 시대를 이끌어 가기도 한다. 대중의 관심을 받으면 인물이 된다. 시대가 영웅을 지목하는 것이 아니라 필요한 사람을 선택하여 영웅을 만든다.

역사는 모두의 책임이다.

역사는 시간을 압축하는 묘미가 있다. 그 안에 미래를 보는 거울이 있다. 과거를 거울삼아 현재를 극복하고 미래를 예견하면 같은 실패를 반복하지 않는다. 긍정적인 역사는 본보기가 되고 오욕의 역사는 교훈이 된다.

패악한 정치로 야기된 사회의 혼란과 참상은 그 시대 모두의 책임이다. 나라가 어지러운 것은 위정자들뿐만 아니라 국민의 책임도 있다. 국민의 선택 없이 그들은 존재할 수 없다. 대표자를 선출하는 것도, 권한을 부여하는 것도, 충성하는 것도 모두 국민들이다. 역사는 힘있는 자와 힘없는 자, 국가와 국민의 상호작용이다.

불행한 역사에도 이유가 있다. 또한 반성할 수는 있어도 비난 할 수는 없다. 옳든 그르던 그 상황에서 최선의 선택이라는 점이다. 왕이 군림하고 독재 권력이 출현한 것은 자연스런 국가 유형의 생성 과정이고 시대의 흐름일 뿐이다.

비추는 거울에 따라 역사의 모습은 달라질 수 있다. 역사는 옳고 그름이 아니라 단지 변화의 흔적일 뿐 그 위에 각자 헤엄치는 사람들이 있었다.

2

변화 하기

시간을 멈추게 하는 사랑

사랑은 세상을 멈추게 한다.

인생에서 가장 충격적인 변화가 죽음이라면 가장 아름다운 변화는 사랑일 것이다. 사랑에 빠지면 감정이 예민해진다. 마치 사랑의 신이 주문을 건 것처럼 감정의 문이 열린다. 꽃봉오리가 터지듯이 갑자기 모든 감각이 열린다. 한꺼번에 벅찬 감정이 유입되고 블랙홀처럼 서로의 마음을 갈구한다. 그리고 신비하기까지 한 감정의 변화에 본능처럼 몰닉한다.

사랑에 빠지면 평소의 생활 리듬을 잃는다. 예민해진 감각은 상대의 마음과 행동에 집중한다. 동시에 감정의 변화는 폭발적으로 증가한다. 감동의 폭탄을 맞는 순간은 행복과 놀라움이 함께하며 시간도 늘어난다.

마음의 변화는 곧 시간으로 통한다. 예민한 만큼 마음의 시간이 증가한다. 상대적으로 외부 시간은 짧아져 멈추는 것 같다. 사랑은 일상의 시간을 잊게 한다. 변화를 감당하지 못한 마음은 한곳에 멈춘다.

사랑을 하면 왜 자꾸 보고 싶어지는가? 예민해진 감각은 작은 변화에도 놓치지 않는다. 상대의 기억이 조금이라도 희미해지면 못 견딘다. 짧은 시간에도 사랑의 결핍증을 앓는다. 잠시라도 잊힌 이미지를 채우려면 빨리 보고 싶어진다. 좋은 감정에 대한 기억과 더 좋은 감정에 대한 기대감 때문이다. 우리는 사랑에 대한 기대감으로 참고 기다린다.

첫사랑

누군가 나를 사랑한다고 느낄 때 세상은 꿈꾸듯 황홀해진다. 갑자기 모든 일들이 신비롭고 감사하기만 하다. 나를 바라보는 눈빛에 곧추세우던 마음은 사탕처럼 녹아내린다. 사랑하는 사람의 마음속에 내가 있다는 것이, 나를 담고 있다는 것이 얼마나 감격할 일인가. 아름다운 미소가 온통 나를 향해 쏟아질 때 가슴은 태양처럼 뜨겁게 타오른다.

사탕은 처음 입에 넣는 순간 가장 달다. 꽃향기도 처음 맡을 때 가장 향기롭다. 꽃이 귀한 2월에 작지만 여린 매화는 강한 향기를 뿜는다. 기운을 들뜨게 하는 봄나물의 출현이나, 여름의 시작을 알리는 숲의 녹음이나, 설익은 단풍이나, 첫눈이 주는 감동은 강하다. 첫사랑은

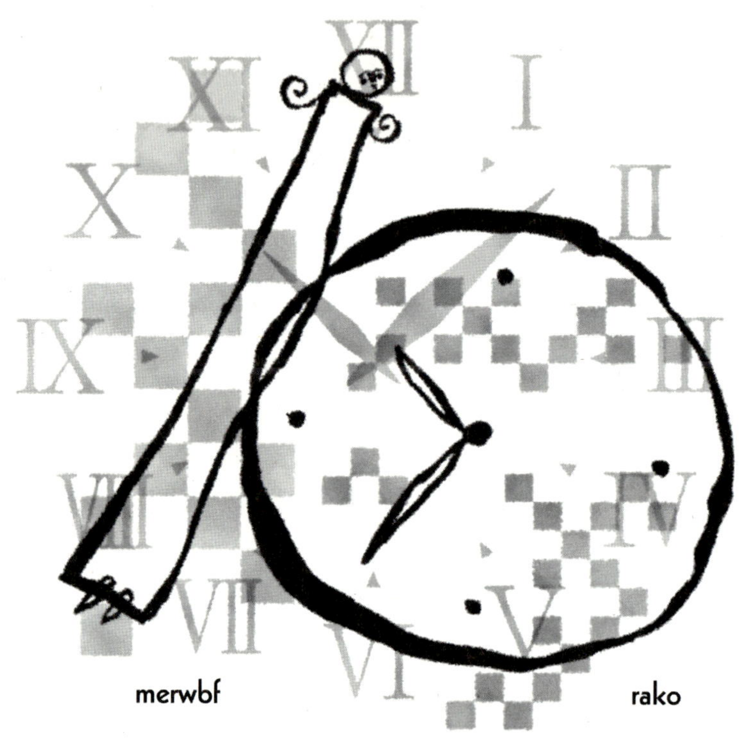
merwbf
rako

어설프지만 가장 기억에 남는 추억이다.

처음이 주는 감동은 강하고 오래간다. 문득 맛보는 황홀한 상상은 동화처럼 신비롭고 꿈처럼 행복하다. 첫사랑은 미지근한 바람처럼 왔다가 미열같이 사라지는 안개와 같다. 짧지만 평생을 안고 가는 세월만큼이나 길다.

사랑의 목적은 행복이다.

사랑하는 사람은 상대의 마음을 확인하고 싶어 한다. 온 몸의 신경이 상대에게 집중한다. 서로 감각의 문을 열면 두 물방울이 합치는 것처럼 마음은 빠르게 하나가 된다. 빼앗기든 빼앗든 하나로 합쳐진 마음은 행복으로 피어난다.

외로운 사람이 인연에 매달리고 배고픈 사람이 먹이를 찾는다. 사랑에 목마른 사람은 사랑과 거래를 하고, 사랑에 염증을 느낀 사람은 이별과 흥정을 한다. 사랑은 혼자 오고가지 않는다. 맞이할 때는 행복이지만 떠나갈 때는 미움으로 지불해야 한다.

사랑은 늘 새롭게 채워야 한다. 똑같은 향기도 오래 맡으면 체감되듯이 사랑도 반복되면 싫증을 느낀다. 신선한 사랑은 믿음을 준다. 사랑은 요구하는 것이 아니라 들어주는 것이다. 서로 의지하며 감사할 때 하나가 된다.

사랑의 거리

가까이 하면 정이 들고 모든 것을 함께하고 싶어 한다. 동고동락하면서 어려움을 극복하는 기억이 동류의식을 만든다. 서로 의지함은 물론 미래에 대한 기대감도 같아진다. 같은 목적을 가지고 같은 감정을 느낀다. 세상을 보는 눈이 같아지고 사고방식도 닮는다.

친한 사람과 함께 하는 시간과 낯선 사람이 함께 하는 시간은 다르다. 마음이 같은 사람끼리는 교감도 쉽고 이해도 빨라 현실의 감지 속도도 빠르다. 주고받는 변화가 많다 보니 교감하는 시간도 길다. 감지도도 높으니 이해도 깊다.

서로를 위해 할 일도 많다. 당연히 둘 사이 교류하는 정보량은 많아진다. 둘만의 시간이 많아지면 세상 가는 줄 모른다. 서로 믿고 감각의 문을 활짝 열어놓은 까닭이다.

아무리 가깝다 해도 함께하는 데는 한계가 있다. 부부라도 더 이상 가까이 갈 수 없는 영역이 있다. 온갖 재물과 권리를 공유할 수는 있지만 함께 할 수 없는 공간이 있다. 사랑하거나 희생할 수는 있으나 들어갈 수 없는 방이 있다. 함께 좋아하고 존중할 수는 있으나 더 이상 다가갈 수 없는 거리가 있다. 진정 가까이 다가갈 수 있는 것은 믿음만이 할 수 있다. 행복을 지키고 함께 감동할 수 있는 믿음을 공유하는 것이다.

사랑의 조건

사랑 받는 사람보다 사랑하는 사람이 더 행복하다. 사랑할 때는 아름다운 환상에 빠진다. 더 큰 사랑으로 되돌아 올 것이라는 기대감으로 부푼다. 행복에 대한 믿음으로 환상은 지속되고 사랑하는 동안은 행복하다. 사랑도 거래다. 서로 행복을 공정하게 선물하는 데는 여러 조건이 따른다. 이 조건을 채워주지 못할 때 파국을 맞는다.

사랑을 얻기 위해서는 양보하고 감내해야 맞출 수 있다. 과거 남자라면 주로 물질적인 비용과 사회적 역량을 감당하였다. 여자는 매사를 이해하고 용서하고 때로는 희생도 마다하지 않았다. 모든 언행은 서로를 향하고 생각은 늘 사랑하는 사람에게 머물러야 한다. 서로는 끊임없이 사랑을 확인한다. 진실과 믿음은 사랑을 지탱하는 가장 중요한 조건이다.

사랑의 조건을 수용하지 못할 때 사랑은 흔들린다. 사랑을 잃을 것 같은 불안과 이별의 슬픔 또한 감내해야 한다. 사랑을 얻지 못하는 분노와 무력감에서 오는 자괴감, 서로가 기대에 미치지 못하는 실망감도 인내해야 한다. 상황에 따라 변하는 마음의 변덕과 앙탈도 대비해야 한다.

사랑을 포기할 수 없다면 사랑의 고통을 참고 견뎌야 한다. 사랑의 덫을 피하기 위해 현명한 사람이라면 존경하지만 사랑하지 않고, 우정을 나누지만 집착하지 않는다.

남녀의 차이가 사랑을 낳는다.

남자와 여자는 생물의 범주로 보면 같은 인간이다. 다른 점보다 같은 점이 훨씬 많다. 그런데도 남녀는 정 반대라고 인식한다. 구조적 차이에서 오는 역할이 조금 다를 뿐인데 그 작은 차이를 메꾸기 위해 남녀의 관계는 특별해진다. 남녀가 다투는 것은 다른 점 때문이 아니라 오히려 닮은 점 때문이다.

사랑의 감정은 남녀의 신체구조가 다르기 때문에 생겨난다. 서로 끌릴 때 흔히 '내 타입이다.'라는 말로 마음을 표출한다. 이는 성격이 닮은 것이 아니라 서로 부족한 점을 보완할 수 있다는 뜻이다. 내 결점을 채울 수 있는 정반대의 요건을 말하는 것이다.

남녀는 서로 공동의 목적을 가지고 만나지만 생각과 행동은 차이가 있다. 상대를 위해 희생하려는 사람도 있지만 자신의 행복을 위한 수단으로 생각하기도 한다. 보호받거나 헌신하기를 요구한다. 그래서 여자는 남자를 일꾼이나 파수꾼으로 남자는 여자를 자신의 소유물로 여기는 경우도 있다.

생존의 차원에서 남녀의 삶은 같다. 원하는 것이 같으면 모든 것을 함께 할 수 있다. 욕구나 감성도 크게 다르지 않다. 삶의 방식도 비슷하다. 함께 의식주를 해결하며 일심동체인 가족을 이루고 산다. 그러나 성격 차이를 좁히지 못하면 정 반대의 관계가 된다. 작은 차이로 갈등을 낳고 사랑이 미움으로 바뀐다. 한 쪽이 진실이지만 거짓일 때,

생존이지만 본능일 때 사랑은 한을 품는다.

부부는 늘 새로운 마음을 주고받는 사이다.

결혼은 남녀 간의 가장 큰 거래다. 짝을 맺는 사업인 만큼 제시하는 조건은 참 까다롭다. 그래서 중매쟁이가 당사자들 사이에 끼어든다. 서로에게 유리한 정보를 건네며 결혼을 부추기기도 한다. 당사자들은 꼼꼼하게 따져 신중하게 결정한다.

결혼은 한 번의 선택으로 끝나지 않는다. 결혼 후에도 담판은 계속된다. 주는 것 없이 원하는 게 많으면 부부싸움으로 이어진다.

배우자가 되기 위해서는 행복을 담보로 해야 한다. 부부 싸움을 촉발하는 대화를 들어보면 알 수 있다. 지금까지 해준 게 뭔데? 그것밖에 안 돼? 좀 더 잘할 수 없어? 무심코 던진 말은 상대의 감정에 상처를 준다. 사소한 일로 미워하다 보면 결국 소중한 것을 놓치게 된다.

사랑은 늘 서로가 원하는 변화를 보여 주어야 한다. 신선한 변화가 느껴지지 않는 상대는 지루할 뿐이다. 변화의 결핍은 고통스럽고 대화의 단절은 견딜 수가 없다. 마음을 닫고 있으면 그 비밀의 방은 요괴처럼 의심을 불러온다. 사랑이 식었다고 생각한다. 진실이 가려져 가정불화로 이어진다. 미워하면 조금 잃지만 마음을 잃으면 모든 것을 잃는다. 마음은 새로운 변화를 찾아 떠난다.

사랑을 얻는 방법은 상대를 자주 감동시키는 것이다. 바라는 것보다 베풀 때 가까이 다가온다. 부정적인 언어보다 긍정적인 표현으로 상대의 단점을 덮어주고 포용할 때 사랑은 다가온다. 너무 많은 것을 기대하지 말고 늘 위하는 마음으로 다가가야 한다.

신뢰하고 의지할 때는 곁에 있는 것만으로 행복하다. 줄 것이 없으면 칭찬해주고 얻을 것이 없으면 참고 견디면 된다. 결국 그 인내심에 놀라고 긴 시간 함께 있어준 것만으로 감동한다. 부부는 늘 신선한 사랑의 향기를 선물로 주고받는 사이다. 때때로 새로운 물로 갈아주어 싫증내지 않는 향기로 바꾸어야 한다.

진정한 사랑은 사랑뿐인 사랑이다.

사랑은 이유와 목적을 따지는 것이 무의미하다. 사랑에 빠지면 재물도 명예도 중요하지 않다. 사랑을 위한 모든 것이 사랑이다. 사랑을 위해 그 어떤 희생도 마다하지 않는다. 그 희생은 사랑의 대가로 치른다.

진정한 사랑은 조건이 없다. 사랑이 사랑을 하고 사랑을 위한 사랑을 한다. 그 사랑이 변하지 않을 때 부부는 함께한 시간과 마음을 영원히 공유할 수 있다.

결혼을 구실로 재산이나 혼수품을 탐한다면 그것은 진정한 사랑이 아니다. 선물이나 지참금의 액수로 사랑의 깊이를 가늠한다면 시장의 거래와 같다. 사랑이 변할 때 남는 것은 상대를 탓하는 비열한 변명과 냉정한 계산뿐이다. 결국 사랑이 식고나면 돈 문제만 남는다. 돈으로 흥정할 때 사랑은 한없이 천박해진다. 백년의 다짐은 부질없고 사랑의 징표는 애물단지가 된다.

사랑은 정성으로 만들어 마음으로 나눈다. 사랑은 어느 한편에서 독점하거나 소유하려할 때 탈이 난다. 사랑을 얻기 위해 얼마나 공을 들이는가. 배신으로 인한 상실감의 충격은 감당하기 어렵다. 때로는 목숨을 버릴 만큼 절망하기도 한다. 지갑이 가벼우면 삶이 무겁고, 마음이 가벼우면 사랑이 무겁다.

마음의 표출, 외모

왜 존재를 나타내는가.

태어날 때 혼자 울고 가족들은 웃는다. 죽을 때는 혼자 가고 가족들은 운다. 생사의 변화에 대한 반응이자 존재의 표현이다. 사람들은 사회생활을 영위하기 위해서 다양한 방식으로 각자의 존재를 표출한다.

정보를 공유할 때 서로의 존재를 인식할 수 있다. 장님이 밤에 등불을 들고 다닌다면 의아할 것이다. 앞을 보지 못하는 사람이 등불이 무슨 소용인가. 등불은 상대를 보기 위한 것이 아니다. 자신의 표출로 다른 행인들과 충돌을 피하기 위함이다.

자신을 숨기고 상대를 알고 싶어 하는 것은 생존을 위한 수단이다. 하지만 짝을 부르기 위해 자기 표출은 불가피하다. 인간이 혼자 살지 않고 굳이 집단생활을 하는 것은 상대적인 존재감 때문이다. 운동경기나 경진대회는 물론 축제와 제례의식, 일상의 예절 등은 모두 존재 표출 방식이다.

누구든 가지면 과시하고 싶어진다. 존재감을 표출하려는 것이다. 허영심도 존재감을 나타내기 위한 탐욕일지도 모른다. 그렇다고 서로의 존재 범위를 넘어서면 안 된다. 장인의 물건은 탐할 수 있으나 기술까지 넘보는 사람이 있다. 욕심이 지나치면 질서를 해친다. 명성까지 가지려 해서는 안 된다. 작은 소품만으로 자기는 충분히 중요한 존재이다.

만물은 인식될 때 존재한다. 누군가에게 인정받고 기억될 때 존재의 가치를 가진다. 그래서 기억하는 사람보다 기억되는 사람이 되려한다. 자신의 흔적이 어딘가에 기록되었다는 것은 명예로운 일이다. 큰 업적을 남겨 존재감을 인정받는 것도 영원히 사는 방법이다.

얼굴은 특정한 바코드(bar cord)

수많은 사람들을 구별할 수 있는 것은 각자 고유한 특징 때문이다. 사람은 같으면서 다르다. 같은 사람이지만 이름과 얼굴은 물론 행동과 목소리, 옷차림까지 그 차이가 다양하다.

사진 속 군중의 표정은 각양각색이다. 똑같은 사람인데 왜 사람마

다 저리도 모습이 다를까? 목적이 다를 때 생각이 다르다. 생각이 다르면 표정은 물론 행동도 달라진다.

신체 부위 중에서 주로 얼굴로 상대를 식별한다. 구성 요소가 많을수록 조합의 수가는 늘어나고, 변수가 많을수록 경우의 수가 많아지기 때문이다. 얼굴에는 눈, 코, 귀, 입 등 여러 감각기관이 집중되어 있다. 이들 여러 기관의 조합으로 다양한 차이와 이미지를 만들 수 있다. 세계 74억 인구 중에서 특정인을 구별할 수 있는 것도 얼굴은 조합코드이기 때문이다.

얼굴 표정 역시 또 다른 언어이며 상대를 구분하는 부호가 된다. 그 많은 무리 속에서 자식이나 가족, 친구를 구별하고 찾아내는 것은 모두 얼굴 덕분이다. 손이나 발을 보고 사람을 알아보기란 쉽지 않다. 감각 역시 시각, 청각, 후각, 미각 등 오감이 동시에 열리면 그만큼 조합의 수는 늘어난다.

목적에 따라 물건도 건물도 모습이 다르게 만들어진다. 목적이 다르면 결코 같을 수가 없다. 사람들은 평생 자신의 이미지이고 마스코트인 얼굴을 가꾸고 치장한다. 매일 세수하고 머리를 감고 가꾸며 자신만의 특징을 표현한다. 화장에 공을 들이고 성형도 마다하지 않는 것은 얼굴이 바로 자신의 언어이며 코드이기 때문이다.

다양하기만 한 옷의 역할

옷은 신체보호를 위해 천이나 가죽으로 만들어 입는 보호막이다. 그 외에도 용도는 다양하다. 신분이나 직업, 성별을 구분하기도 하고 예절이나 예술의 표현 수단이 되기도 한다.

질 좋은 옷감이 화폐로 쓰이던 시대에는 왕족이나 귀족들의 옷이 길고 넓었다. 긴 옷은 부의 과시이고 신분의 상징이었다. 이후 옷이 짧아진 것은 활동에 편리함도 있지만 직물 기술의 발달로 옷이 대중화되고 값이 싸졌기 때문이다.

호박에 줄을 긋는다고 수박이 되는 것도 아니고, 화장품이 비싸다고 얼굴이 예뻐지는 것은 아니다. 하지만 '옷이 날개'란 말처럼 옷은 다양한 기능을 표출한다.

남 앞에서 맨살을 드러내는 것은 결례가 된다. 예의는 상대방의 비위를 맞추는 배려이다. 옷은 입는 순간 자연스레 맨몸을 감추는 역할을 하게 된다. 부끄러운 모습을 숨기고 결점을 덮었다는 생각은 안정감을 준다. 이중적 완충장치를 마련했다는 생각에 자신감마저 들게 한다.

아름답게 꾸미는 정성으로 효과를 노리는 속셈일 수도 있다. 치장을 통해 존재를 과시하고, 예술적 표현을 통해 주위 사람을 감동시킨다. 신분 표출로 상대를 제압하기 위한 의도도 있다. 인류 역사상 얼마나 많은 옷이 만들어졌는가.

시대가 변하면서 개성은 더욱 존중되고 다양한 패션은 대중화되었다. 옷의 용도에 따라 행동과 생각이 달라지고 직업의식도 분명해진다. 문화를 공유하면서 옷은 기호가 되고 언어가 된다. 그 이미지는 유행을 낳고 공감은 세계를 하나가 되게 한다.

변화가 몰려드는 도시

사람들은 변화를 찾아 도시로 모여든다. 기원전부터 도시집중화는 이어져 현재는 세계 인구의 약 50% 이상이 도시에서 살고 있다. 우리나라의 경우는 무려 90%에 가깝다.

시골과 도시의 다른 점은 변화의 속도, 곧 활력의 차이일 것이다. 사람들은 돈을 벌기 위해 일자리를 찾아 도시로 모여든다. 원하는 것과 쉽게 바꿀 수 있는 효용성 때문에 사람들은 그 무엇보다도 돈에 집착한다. 돈은 변화의 덩어리다.

도시는 변화로 활력이 넘친다. 온갖 지식으로 무장된 사람들이 새로운 활력을 얻기 위해 생존경쟁을 벌인다. 이렇게 도시라는 공동체를 이루는 이유는 다양한 사회기능과 변화의 호환성 때문이다. 다원성이 활발하게 변화를 생산하고 창의성을 창출하기 때문이다. 도시의 크기가 10배가 커지면 혁신 능력은 17배가 증가한다.

도시는 변화를 꿈꾸는 사람들이 서로 부딪히다 보니 매일 사건 사고가 이어진다. 뉴스에서 전해지는 끔찍한 변화는 사람들의 감정을 자극한다. 놀라고 두려워하지만 이는 무료한 생활을 자극하기도 한다. 변화가 변화를 낳는다. 뉴스는 빠르지만 개선을 느끼기에는 시간이 걸린다. 관심은 순간이고 실천은 더딘 것이 현실이다.

도시 생활에 적응하지 못한 일부 사람들의 일탈도 있지만 인구 집중은 여전히 지속된다. 인구 분산정책은 과도한 인구 집중을 견제할 수는 있지만 근본적인 해결 방안은 되지 못한다. 편리하고 살기 좋은 곳이 명당이다. 편리하다는 것은 원하는 변화를 쉽게 접할 수 있다는 것이고, 변화를 쉽게 얻을 수 있다는 것이다.

자연의 아름다움은 비자연인 도시 쪽에서 바라보는 차이 때문이다. 도시의 기억을 지우고 자연에 몰입하면 자연과의 차이를 잃는다. 완전한 자연인은 자연의 아름다움을 모른다. 도시는 자연의 상대적 가치를 알 수 있는 명당이다.

변화를 위한 몸부림, 생각

상상으로 생각을 보완한다.

시험 중에 기억이 막히면 생각이 멈춘다. 생각이 멈추면 상상으로 이어갈 수밖에 없다. 상상으로 모르는 지식을 보완하거나 훼손된 기억을 맞추는 것이다.

알 수 없는 일에 처해도 부족한 정보를 상상으로 보완하여 상황을 파악한다. 상상을 통해 먼저 자신을 설득하고 난 뒤 자기 생각으로 굳힌다. 사실이라 해도 자신에게 불리하면 부정하게 된다. 보고 싶은 것만 보고 믿고 싶은 것만 믿는다.

외국어를 모르면 대화가 통하지 않는다. 낯선 물건을 보아도 답답할 뿐이다. 그 때 역시 상상을 한다. 상대가 어떤 말도 하지 않지만 상상으로 일방적인 대화를 한다. 나무나 바위가 말을 전해오는 것처럼 혼자 대화를 한다. 물소리를 듣고 바람소리에 응답한다. 상상은 상대와 의식을 연결하는 자신만의 텔레파시인 셈이다.

Dream

우리는 현실에서 이룰 수 없는 꿈을 상상으로 꾸민다. 감지되는 변화를 기억과 함께 순서를 바꿔보거나 끼워 넣기도 하고, 지우기도 하면서 예상되는 일을 시나리오처럼 조합한다. 어쩌면 현실은 오감으로 감지하는 것보다 상상에 더 많이 의존하는 지도 모른다.

살다보면 현실보다 환상 속에서 느끼는 기쁨이 더 많다. 예술을 통해 상상의 기쁨을 누리고 술과 마약을 통해 비현실적인 환상을 맛본다. 이들은 이루지 못한 스트레스를 상쇄시키고 현실의 고달픔을 잊게 한다. 기대하는 환상이 현실에 비해 훨씬 더 가깝기 때문이다.

창작이나 발명은 변화의 조합이다. 예술인과 과학자들의 상상은 세상을 아름답고 편리하게 꾸며왔다. 장미향을 맡으면 장미가 떠오르고 새소리가 들리면 온갖 새를 상상한다. 착각과 오해도 현실과 다른 상상일 뿐이다. 욕망과 계획 역시 상상의 산물이다. 아무리 정확한 언어도 100% 사실을 전달하지 못한다. 상상이 엮일 수밖에 없다.

요즘은 방송매체의 화질과 음질이 사실에 가깝게 향상되었다. 그러나 시각과 청각은 전달하지만 후각이나 미각, 촉각은 전파하지 못한다. 이 부족한 감각 역시 시청자의 상상으로 보완한다.

과학이 발달할수록 가상의 세계가 현실을 지배한다. 꿈은 미래의 가상현실이다. 시각은 사물을 인식하는데 반사광에 의존하지만 이제는 전파에 의해 전달되는 영상매체에 더 많이 의지하고 있다. 상상은 현실세계를 보다 크고 깊게 보완하는 수단이다.

생각은 변화의 조합이다.

우리는 하나의 문제를 놓고 수많은 상상을 한다. 한 가지 일을 놓고 열 가지 생각을 하고 백가지 꿈을 꾼다. 같은 상황에서도 정 반대의 생각을 한다. 진실을 놓고도 그 진실을 뒤집어 본다. 좋은 생각과 나쁜 생각, 이익과 불이익, 행과 불행에 대해 곰곰이 살핀다. 이렇게 고민하는 것은 그 중 가장 적합한 하나를 선택해야하기 때문이다.

생각이 책속의 문장들을 만나면 온갖 상상이 넘친다. 글자를 통해 접하는 지식들의 난무에 신이 난다. 현실이 아니더라도 작은 방에 앉아 먼 우주를 보기도 하고 작은 개미와 상상의 전쟁을 벌이기도 한다. 명상에 빠져있을 때도 머릿속의 지식과 상상들이 서로 충돌을 일으켜 새로운 변화가 깨달음이란 이름으로 고개를 내민다.

모든 원리는 기존의 지식과 조합하여 새로운 생각을 만든다. 새로운 법칙이 발견되면 축적된 지식을 덧붙여 또 다른 논리의 틀을 짠다. 빗방울이 모여 강물을 만들 듯이 지식이 모여 지혜를 만든다. 지식끼리 끊임없이 충돌하고 조합하여 새로운 지혜와 아이디어를 창출하는 것이다.

지식을 체계화하고 기록하는 것은 또 다른 차이를 만들어 내는 수단이 된다. 변화는 변화를 낳고 지식은 지식을 낳는다. 지식은 변화의 집약이며 또 다른 변화를 만드는 요소가 된다. 지식의 집적이나 생각은 에너지의 이동을 유도한다.

같은 식재료를 가지고도 갖가지 요리로 다양한 맛을 즐긴다. 천사도 한 번쯤 악마의 탈을 써보고 싶어 할지도 모른다. 호기심에 이웃집을 기웃거리는 것도 여러 가지 생각을 하고 있는 것이다. 기회가 있을 때 선과 악을 가리지 않는 것은 이기심만은 아니다. 변화의 갈증이기도 하다.

마음은 상황에 따라 수시로 변한다. 도둑질 하려다 실패한 것은 죄를 물을 수 없다. 그렇다고 원인을 제쳐두고 결과만으로 좋은 사람이라 판단할 수도 없다. 안하는 것과 못하는 것은 다르다. 하나의 결과는 수많은 생각과 다양한 요소가 얽힌 변화의 산물이다.

변명은 자기 보호막이다.

세상에는 성공한 사람보다 실패한 사람이 더 많다. 그래서 삶은 늘 고단한지도 모른다. 실패한 사람이 견디기 힘든 것은 좌절감이다. 좌절하지 않기 위해 변명을 한다. 책임과 비난을 막아주기 때문이다.

억지도 변명이다. 사람들은 자신이 미워하는 사람이 잘못되면 자신의 복수라고 여긴다. 좋아하던 사람이 잘되면 자신이 도운 것처럼 착각한다. 비난하던 사회가 뒤집어지면 이미 예상했다는 듯이 우쭐댄다. 자기 언행은 생각지도 않고 악행만을 비난한다.

세상의 모든 악을 정당화하고 합리화하 하는 것은 그들만의 규칙이고 법이다. 전쟁에서 살인과 약탈을 영웅시하는 것도 그들만의 억지이며 거래방식이다.

변명은 그 듣는 사람이 수긍할 수 있어야 한다. 흔히 변명의 논리를 찾기 위해 선인들이 남긴 말과 행적에 편승하는 방법을 쓴다. 남이 믿어줄 때 변명은 정당화되고 힘을 얻는다. 그래서 궤변 같은 논리를 들어 자신의 행동을 합리화하기도 한다.

1등석과 2등석은 차별하는 것이 아니라 구별하는 것이다.

도망가는 것은 비겁한 것이 아니라 작전인 것이다.

부자는 탐욕을 부리는 것이 아니라 베풀기 위한 것이다.

사치하는 자는 멋을 부리는 것이 아니라 예의를 지키는 것이다.

헐뜯는 자는 욕하는 것이 아니라 충고하는 것이다.

먼저 공격하는 것은 이기려는 것이 아니라 평화를 지키려는 것이다.

빌붙는 자는 아부하는 것이 아니라 배려하는 것이다.

시샘하는 자는 배가 아픈 것이 아니라 걱정하는 것이다.

완성할 수 없는 인생, 그러나 포기하지 않는 한 실패는 없다고 말한다.

우주의 끝을 알 수 없는 이유

인간은 하루보다 더 살기 때문에 밤과 낮을 구별하고, 일 년을 더 살기 때문에 계절을 인식한다. 우주에 비해 인간의 수명은 얼마나 짧은가? 상대적인 예측이지만 우주 달력으로 본 인간의 수명은 1/4초에 불과하다. 그러니 하루살이가 인간의 수명을 알 리가 없다. 우주의 변화를 감지하지 못하는 것도 짧은 수명과 미세한 변화를 감지하지 못하는 감각의 한계 때문이다.

세상 만물은 아무리 멀리 떨어져 있어도 지구권 내에 있다. 빛의 속도에 비하면 아주 짧은 시간 떨어진 거리다. 그래서 주변을 바라볼 때 보통 시간을 무시하고 본다. 반사되는 빛으로 사물을 감지하는 시간 자체를 느낄 수 없기 때문이다. 그러나 무한 크기의 우주는 다르다.

우주가 영원한 것은 우주보다 긴 시간을 가진 존재가 없기 때문이다. 그 공간을 이동하는 시간 역시 무한하다. 우주가 무한해 보이는 것은 온통 시간으로 가득하기 때문이다. 시간은 변화의 기회를 준다.

우주는 팽창하고 있다. 우주가 팽창하는 것처럼 생각도 무한하게 팽창한다. 우주는 상상이라는 변화다. 알 수 없는 우주에 대해 상상을 거듭할수록 시간은 늘어나고 공간은 끝이 없다. 빠른 우주선으로 다가간다면 감지도는 증가하고, 변화는 늘어난다. 탐사를 계속할수록 시간은 늘어나고 공간도 늘어난다.

무한한 우주는 빛을 가두고 빛은 우주 속을 떠돈다. 에너지는 빛을 통해 이동하고 응축되고 분출된다. 우주가 무한한 공간을 확보한 것은 바로 빛처럼 빠른 변화를 저장해야하기 때문이다. 빛은 빠르지만 우주의 넓은 공간에 비하면 그 흐름은 아주 느리다. 공간 속에 빛의 속도가 담겨 있는 셈이다.

빛이 닿는 시간이 길어지면 거리는 시간이 된다. 실제 먼 별의 거리는 빛이 달려온 시간만큼 감지하는 시간도 길다. 너무 멀리 있어서 우리 눈에 보일 때까지 빛이 달려온 거리는 몇 억 광년이 넘는다. 밤하늘에 반짝이는 별도 이미 죽고 없는 유령별일 수도 있다.

별의 존재를 전달하는 빛은 전령일 뿐이다. 멀리 있는 별과 가까운 별은 동시에 볼 수는 있어도 같은 시간의 모습은 아니다.

규칙성의 축적, 학문

왜 규칙성에 열광하는가?

예상할 수 없는 미래는 불확실하다. 불확실할 때 두렵다. 예측할 수 없기 때문에 두렵고 대처할 방법을 모르니 더 두렵다. 그나마 두려움에서 벗어나기 위해서는 예측하고 미리 대비하는 일이다. 그 방법은 규칙성을 이용하는 것이다.

규칙성은 같은 현상이 주기적으로 반복되는 것이다. 원운동과 같은 것이다. 원운동을 계속하려면 원래 자리에 돌아와 다시 출발해야 한다. 시작은 끝이 되고, 끝은 다시 시작이 된다. 같은 변화가 주기적으로 반복되는 것이다. 일정한 변화가 변하지 않는 성질이다.

시계 바늘이 회전하면 시간이 가는 것처럼 느낀다. 그러나 시간이 생산되는 것이다. 일정하게 반복해서 변화하는 시계는 영원히 시간을

Distribution of the securities market key players
JYT
12%
10%
9%
8%
FEW
BGY
RDW
HRT
RTG
TRG

만들어낸다. 영원하다는 것은 미래가 끊임없이 이어지는 것이다.

일상적으로 하루를 24시간으로, 한 주일을 7일로, 일 년을 12달을 단위로 반복한다. 규칙성은 변화의 반복을 통해 시간을 자동적으로 생산하는 시스템이다. 시간의 규칙성은 불확실한 미래를 예측하고 불안을 해소시킨다.

규칙성만 있다면 무질서한 자연 현상 속에서도 미래를 예측할 수 있다. 역사 속에도 미래를 알 수 있는 길이 있다. 학자는 만물의 변화 속에서 규칙성을 찾아내는 사람이다. 그러니 원리를 사냥하는 학자들은 규칙성 발견에 열광할 수밖에 없다.

규칙성은 기다림을 낳는다. 한 끼를 위해 한나절을 기다리고, 즐거운 주말을 위해 한 주일을 기다리고, 햅쌀밥을 먹기 위해 일 년을 기다리고, 꿈같은 결혼식을 위해 수십 년을 기다린다. 아주 특이한 방식으로 우리는 변화를 먹고 산다.

교육은 미래를 위한 대비책이다.

기계처럼 인간도 고쳐 쓰지 못할 것도 없다. 기계는 구조를 바꾸고 사람은 생각을 바꾸면 된다. 태어나자마자 걷고 뛰는 동물에 비하여 인간의 학습 기간은 길다. 사람의 감지 속도는 순간이지만 이해하는 데는 시간이 걸린다. 학습속도는 오감이 감지한 자극을 뇌에서 조합하고 정보와 지식으로 정리하는데 걸리는 속도라 할 수 있다.

교육은 미래에 대비하는 사람을 양성한다. 지식을 전달하여 부족함을 채우고, 잘못된 점을 고치고, 사회 변화에 적응하는 법을 가르친다. 지식을 축적하는 재미와 세상 이치를 깨닫는 기쁨은 느끼는 사람만이 안다. 삶의 방법과 이유를 깨닫게 되면 가슴이 트이고 머릿속이 밝은 빛이 비치는 것처럼 맑아진다. 100점짜리 시험지를 받아본 사람의 기쁨과 같다.

무지의 불통은 얼마나 답답한가. 불확실성에서 오는 두려움 또한 얼마나 숨이 막히는가? 희망의 길을 찾는 자체만으로 기쁜 일이다. 관심과 흥미를 가질만한 일이 있다면 복 받은 사람이다. 목표에 몰입하는 재미는 결과에 상관없이 그 과정만으로 즐기는 묘미가 있다.

세상에 태어난 순간부터 우리는 노력만을 강조해 왔다. 가장 좋은 조언으로 노력 밖에 딱히 해줄 말이 없다. 노력한다고 해서 모든 일이 다 이루어지는 것은 아니다. 노력만으로 타고난 능력과 구조적 한계를 능가하지 못한다. 교육은 기회를 잡기 위한 준비를 하는데 지나지 않는다. 그나마 노력도 하지 않는다면 그 타고난 능력마저 포기한 것이다.

모방하는 것만이 배움이 아니다. 배운다고 결코 같아질 수 없다. 경전을 읽었다고 성인이 되고, 명작을 베꼈다고 작가가 되는 것이 아니다. 흉내는 낼 수 있으나 본질을 복사할 수는 없다.

역사적으로 인류에 공헌한 사람도 많았지만 인류 발전을 저해한 악인들 또한 많았다. 교육은 훌륭한 인재를 길러내는 것만이 목표는 아니다. 인류의 발전을 저해하고 행복을 앗아가는 사람이 나오지 않도록 지도하는 것도 교육의 역할이다.

교학상장이란 공생의 의미다. 가르치는 사람과 배우는 사람 함께 성장하니 모두에게 이득이다. 교육의 목적은 출세를 위해 지식을 전수받는 것은 아니다. 교육을 위한 교육은 더욱 아니다. 행복은 현실을 위한 것이라 해도 교육은 미래를 위한 것이어야 한다.

교육은 그릇을 채우는 것이다.

인간의 가장 큰 장점이라면 아마 모방본능일 것이다. 학습을 통해 천년이 넘게 걸려 터득한 지식도 한순간에 전달받는다. 교육은 가치에 비해 빠른 시간에 가장 효과적으로 이득을 보는 거래다. 사고방식의 변화보다는 느리지만 관심만 있다면 지식은 빠르게 전이된다.

교육은 모방에서 시작한다. 소통이 이루어지는 무리 속에서 집단사고가 형성된다. 아이들도 그저 생각 없이 노는 것이 아니다. 배우고 노력하며 늘 부족한 자신과 싸운다. 바른 것과 행복과 예의가 무엇인지 알고 싶어 한다. 나보다 나으면 존경하고, 대인관계를 위해 겸손해야하고, 장애가 있다면 극복해야 한다는 것도 알게 된다.

스승을 통해서 지식을 구하고, 마음을 통해서 지혜를 터득할 수 있다. 부족한 스승이라 해도 훌륭한 제자는 좋은 점만 보고 배운다. 배울 점이 없다 해도 사숙처럼 마음에 담아 배운다. 오직 등불만 보고 길을 찾는 것이 아니라 꿈을 보고 길을 찾는다. 모두가 별을 보고 가지만 정작 별에 가본 사람은 없다.

스승을 존경하는 것은 자신이 만든 꿈이자 희망이다. 사람을 보고 배우기보다 스스로 염원하는 이상을 보고 배운다. 진정한 스승은 자신의 마음속에 있다.

잔은 물도 담고 술도 담는다. 때로는 독약도 담는다. 그릇은 담긴 내용에 따라 물 잔이 되고, 술잔이 되고, 독배가 되기도 한다. 잔을 채우는 것은 주인이지만 마시는 것은 손님의 마음이다. 모르고 마시면 누구의 책임인가? 무지의 탓이다. 그릇을 탓하거나 내용물을 탓할 것도 없다. 주인의 의도에 따라 만들어지는 잔의 운명을 탓할 것이 아니다. 그릇은 소유물일 뿐 결과에 대해 책임을 지지 않는다.

문제가 발생했을 때 그 답을 알 수 없다면 얼마나 답답한가. 이를 해결하기 위해 지식을 찾고 지혜를 터득하기 위해 각고의 노력을 기울인다. 질문이 빈 그릇이라면 담고 채우는 것은 답이다. 질문은 답을 요구하고 답은 마음을 채운다. 가득한 자는 부족한 자에 비해 얼마나 여유로운가. 교육은 결핍의 고뇌로부터 자유로워지는 것이다.

젊었을 때 하는 공부는 출세와 성공을 위한 것이지만 늘그막에 하는 공부는 자신을 채우는 공부다. 자아가 없는 인생은 빈 영혼과 같다. 공허한 영혼을 채우는 평생 공부야말로 진정한 공부다.

고통도 견딜 수 있으면 모른 체 해라.

세상에는 게으른 사람이 있다. 그런 사람은 일을 싫어하거나 무서워한다. 아무것도 하지 않고 그저 기다리는 것을 노력이라 여긴다. 일하고 싶어도 기회가 오지 않았다고 변명한다. 노력했지만 운이 따르지 않았다고 아쉬워한다. 무능한 사람보다 게으른 사람이 더 문제다. 할 수 있는 일이라곤 평생 행운을 기다리는 것이 전부다.

세상에는 쉬운 일은 없다. 어렵든 실패하든 그만한 이유가 있다. 바로 잡아야 한다는 명분이야 말로 진정 할 일이고 기회인 것이다. 땀 흘려 이루는 성취감은 삶의 이유를 깨닫게 한다. 비록 실패해도 노력의 과정과 깨달음만으로 삶의 가치는 충분하다.

고난을 극복하기 위해서는 자신의 피해도 감수해야 한다. 약은 나와 병균을 함께 파괴한다. 병균보다 오래 버티면 병을 극복하는 것이다. 약이란 독이지만 견딜 수 있을 때 약이 된다.

고난을 통해 지식을 쌓으면 그 지식들은 항체가 되어 생존의 무기가 된다. 힘들지만 열심히 노력하며 극복하는 것은 백신을 맞는 것과 같다. 현실에서도 시련을 극복하면 내성이 생기고 그 경험을 바탕으로 어려운 세상을 헤쳐 나간다. 이겨낸 시련은 백신과 같다. 답을 찾은 문제는 더 이상 문제가 될 수 없다. 날아오는 화살에 눈을 감는 절망과 똑바로 마주 바라보며 피하는 용기는 포기와 극복의 차이다.

견딜 수 있다면 아끼는 사람일수록 고생을 모른 체 해라. 스스로 할 일을 찾고 극복하는 기회를 주어라. 삶의 의미마저 빼앗아서야 되겠는가. 극복할 때 맛보는 성취의 기쁨이야말로 진정한 삶의 보람이다.

참았다 얻는 기쁨을 맛보게 해라. 작은 것에서 감사함을 배우라. 존재감이 살아나고 가치가 느껴진다. 참았다 쉬는 한 숨과 배고파서 먹는 밥알 하나와 목마를 때 마시는 물 한 방울의 간절함은 생명이 무엇인지 깨닫게 한다. 좋은 약이 쓴 법이다. 고통 없이 기쁨을 어찌 알겠는가?

성공은 하루아침에 이루어지지 않는다. 전구의 불을 밝히기 위해 에디슨은 2000번의 실험을 시도하였다. 1999번의 실험이 실패한 것이다. 그러나 이 노력은 실패가 아니라 2000번의 성공을 위해 조금씩 내공을 쌓아간 과정이다.

사주는 규칙성으로 미래를 예측한다.

사주(四柱)란 사람이 태어난 해(年), 달(月), 날(日), 때(時)를 가리키는 말이다. 인생은 이 네 가지 요소가 운명의 변화를 결정짓는 기둥 역할을 한다는 뜻이다.

많은 요소들을 조합할수록 정확성은 높아진다. 자연 현상은 무수한 요인들로 얽혀 있고 그 현상의 반복적인 변화가 규칙성이자 자연의 법칙이다.사주팔자는 반복되는 요소를 도구로 운명과 자연 현상의 때를 맞추는 확률이다.

누구나 길흉을 만나면 그 대처 방안을 알고 싶어 한다. 그 방안을 외부의 반복 현상에서 찾는다. 성공한 사람의 과거에 집착하는 것도 주기성에 편승하려는 본성이다. 닮으려고 하는 것은 반복되는 현상을 기대하며 따라하려는 것이다.

인체의 구성 비율은 자연과 닮았다. 신진대사의 규칙적이고 주기적인 성질 역시 자연을 따라한다. 밤과 낮에 따라 잠자고 활동하는 것 모두가 지구의 눈치를 본다. 하루와 계절의 변화에 맞춘 것도 생체 리듬이다. 자연에 순응하면서 터득한 생존 방식이다.

자연의 주기는 사람의 바이오리듬과 닮아 있다. 바이오리듬은 신체, 감성, 지성의 세 가지 주기가 생년월일의 입력에 따라 인체에 어떤 유형으로 나타난다. 이 유형의 조합에 따라 능력이나 활동 효율의 때를 찾아낸다. 주역 역시 자연의 변화주기에 맞추어 인간의 주기적인 운명을 추정한다.

인체의 관상, 수상, 심상은 출생의 기호이자 이미지이다. 이 자료와 정보를 자연의 변화 주기에 끼워 넣어 미래 운명을 확인하는 것이다. 즉 때와 장소는 물론 의지와 노력의 조합에 따라 운명은 달라진다. 우주의 변화 주기와 사주가 상호 작용하여 예상되는 변화를 해석하는 것이 점괘이다.

우주의 원리는 운명을 예측할 수 있는 자료이며 기준이다. 운이란 삶을 결정짓는 변수가 많다는 뜻이다. 환경과 타고난 성격, 신체구조,

이름, 만나는 사람들도 모두가 그 사람의 운명을 결정짓는 요소이다. 주역은 음양의 조화와 강약의 규칙성을 근거로 미래를 예측하는 도구다.

변화의 여정, 인생

인생은 결과보다 과정이 아름다워야 한다.

모든 일은 시작과 끝이 있다. 그 중 끝을 중히 여긴다. 끝은 맨 나중에 있기 때문이다. 아무리 고생을 해도 결과가 좋으면 지나간 고통은 잊는다. 고생한 대가라고 생각하기 때문이다. 그러나 결과는 끝이 아니다. 미래를 향한 과정이다. 결과가 좋아야 한다는 말은 미래를 향한 과정이 순조롭다는 뜻이다.

과거는 기억으로 머물고 미래는 상상으로 다가온다. 지나간 과거는 묶여있지만 다가오는 미래는 무한하다. 미래는 언제나 끝에서 맞이한다. 희망은 미래에 있고 그 미래를 기다리며 사는 것이 인생이다.

결과가 실패라 할지라도 그 과정은 아름다워야 한다. 희망이 아름다운 것도 꿈은 인생의 방향이었기 때문이다. 죽음이 슬프다고 인생이 불행했다고 말할 수는 없다. 목표를 향해 곧바로 가거나 돌아가거나

결과는 같다. 방법의 선택은 시간이 아니라 행복을 향한다. 속도보다 방향을, 방향보다 행복이 중요하다.

정상에 올라본 사람은 오르는 기쁨과 내려가는 아픔을 안다. 오른 적이 없는 사람은 추락의 아픔도 없다. 누가 더 행복하겠는가? 행복은 인생의 목표는 될 수는 있으나 본질은 아니다. 인생은 변화의 과정이며 진행형이다. 끊임없이 변화를 창출할 수 있어야 지속된다.

빠르게 사는 사람보다 정상적인 속도로 살아야 인생의 본질을 음미할 수 있다. 벼락부자와 고속 승진은 진정한 삶의 속도가 아니다. 불로소득과 편승은 정상적인 삶의 맛이 아니다. 인생의 과정을 지나치면 손해다. 인생에는 순서가 있다. 할 수만 있다면 천천히 되는 것이 좋다.

이루고 나면 인생은 이를 지키는데 소진해야 한다. 삶의 마디를 건너뛰지 마라. 인생은 징검다리가 아니다. 삶의 의미와 가치를 빼앗지 마라. 소중한 시간을 적절하게 소비할 줄 알아야 한다. 결과 못지않게 과정을 소중히 해야 하는 이유다.

목적에 집착할수록 우리는 소중한 과정을 잃고 산다. 오직 행복을 위해 과정 따위는 안중에도 없다. 하루에 10만 3천 번이 넘는 박동과 2만 3천 번이 넘는 호흡수를 의식하지 못한다. 만물의 법칙이나 세상의 원리를 생략한다. 자신도 모르게 얼마나 많은 것을 놓치고 사는가. 한 번의 뜨거운 열정보다 지속적인 노력의 시간이 소중하다. 쉬운 성공보다 실패할망정 흠뻑 빠져드는 집념의 시간이 행복하다. 산다는 것은 시간을 보내는 것이 아니라 시간을 만들어가는 즐거움이다.

인생은 빈 마음에 영혼을 담는 것이다. 세상의 변화와 정보를 채우고, 지식을 모아 생각이 생각을 거듭하고 마지막 자아를 완성하는 것이다. 인생은 미완성이어서 아름답다. 행복이란 목적을 설정하여 완성을 향한 기쁨을 즐긴다. 인생은 변화를 만들어가는 과정이다.

인생은 성공만으로 완성되는 것이 아니다. 실패 없이 어찌 성공이 있겠는가. 성공만으로 인생을 설명할 수 있는 것도 아니다. 성공의 비결은 실패가 남긴 유산이다. 법적으로 상속되는 것은 재산뿐이다. 행복은 상속되지 않는다. 성패는 오로지 자신의 몫이다. 그 성패를 좌우할 영원한 상속은 오직 자유의 권리다.

이유 없는 일은 없다.

삶은 단순하지 않다. 상황에 따라 온갖 행위가 뒤섞인 변화의 집합체다. 혼란 속에 서로 얽히다 보면 공동 운명체가 되고 만다. 만물이 생멸하고 세상이 격변하는 것도 변화의 조화이다. 변하는 세상에 변하지 않는 것도 상대적인 변화이다. 진리와 법칙도 변화 속에 변하지 않는 변화이다. 다만 변해야할 때 변하지 않는 것이 오히려 생존을 위협하고 사회질서를 어지럽힌다.

살다보면 선하게 살려고 해도 실수를 하고, 바른길을 가려고 해도 삶이 허락하지 않는다. 좋은 일을 하다가도 이익을 좇다보면 바른 길을 외면하게 된다. 그래서 세상일은 때가 있다. 죄인도 본래 나쁜 사람이 아니다. 나쁜 때가 있었을 뿐이다. 배고플 때 음식을 양보겠는가. 위급할 때 도둑질을 참겠는가. 그래서 잘하는 때와 못하는 때, 착할 때와 악할 때, 행복할 때와 불행할 때, 정의로울 때와 추악할 때, 운이 있을 때와 운이 없을 때가 있다.

세상은 거래로 이루어진다. 인간관계는 늘 빚이 있을 때 유지된다. 갚아야 할 빚이 있을 때 서로는 놓지 않는다. 갚아야 할 이유, 받아야 할 이유가 있을 때 공존한다. 그러나 대가를 받는 순간 상대를 잃는다. 거래가 끝나기 때문이다.

빚은 갚으면 사라진다. 원수도 은혜도 갚고 나면 사라진다. 만나면 그리움도 사라지고, 고생도 치루고 나면 사라진다. 거래가 끝나면 손님은 사라진다. 벌도 받고 나면 죄가 사라지고, 돈도 벌고 나면 걱정이 사라진다. 친구도 사랑도 헤어지면 남이 되고 잊힌다.

인생은 태어나는 것부터가 빚이다. 사는 것 자체가 빚이다. 행복을 좇다 지은 빚인 셈이다. 죽을 때까지 갚아야 하는 업보다. 평생 갚지 못하는 빚이 인생이다. 빚을 갚는 유일한 방법은 죽는 것이다. 빚을 갚고 나면 결국 남는 게 없다. 빈손으로 왔다 빈손으로 떠난다.

인생이 목적을 이룰 수 없는 이유

인생의 목표가 행복이라고 말하지만 사람들은 과연 얼마나 행복한가. 그토록 간절히 갈구하지만 의식주를 해결하는 현실은 고달프기만 하다. 아침을 챙겨먹고 복장을 갖춰 출근했다가 저녁때가 되면 피곤한 몸으로 다시 집으로 돌아오기를 반복해야 한다.

삶을 이루는 조건과 요소는 다양하다. 단순히 돈만 번다고 인생은 성공하는 것이 아니다. 그렇다고 사랑이나 명예만으로 살 수 없다. 건강은 또 얼마나 중요한가? 다양성이 없는 삶은 변화를 잃는다. 변화의 단절은 죽음과 같다. 성공과 실패, 행복과 불행의 반복이 삶이다. 작은 고통, 작은 슬픔이 주는 자극은 오히려 삶의 활력소가 되고 약이 된다.

여유가 있다 해도 잃을지도 모를 두려움과 싸워야 한다. 간혹 느끼는 행복도 금방 체감되어 사라진다. 버티다보면 조금 나아질 수도 있고 잃을 수는 있다. 기껏 할 수 있는 일이란 아직 견딜 수 있다는 의지와 그래도 이룰 것이라는 믿음만으로 위안을 찾을 뿐이다.

자유와 독립을 쟁취해도 투쟁은 멈추지 않는다. 정권 투쟁으로 이어지는 싸움의 양상을 보면 그 상대가 달라졌을 뿐이다. 잔치가 끝나면 또 다른 잔치를 위해 싸움질은 계속된다. 천사들도 더 나은 천사를 가리기 위해 그들끼리 경쟁할 것이다.

문제가 해결되면 목표는 사라진다. 꿈을 이루고 나면 할 일을 잃는다. 그래서 평생 일을 찾아야 하는 인생은 목적을 이루어도 이루는 게 아니다. 성취는 또 다른 목표로 이어진다. 오르기 위해서는 내려가야 하고, 만나기 위해서는 헤어져야 한다. 깨닫기 전까지 어쩌다 그 자리에 서 있었을 뿐이다. 지나고 나면 늘 부끄러워지는 것이 인생이다. 그래서 성공의 후일담은 엄살일 경우가 많고, 실패 뒤에는 변명일 때가 많다.

인생은 문제의 연속이다. 또 다른 문제가 주어지는 기대감으로 삶은 이어진다. 영원한 문제이고 숙제이다. 미륵은 결코 오지 않는다. 미륵이 오고나면 그토록 갈망하던 꿈도 사라진다. 미륵은 언제나 미래의 희망일 뿐이다. 미륵의 강림은 미래와 희망의 종말을 의미하기 때문이다. 미륵은 늘 꿈으로 남아 있어야 한다. 인생은 모르고 살기 때문에 지속되는 지도 모른다.

인생은 답이 없다.

의문을 가지는 순간 바보가 된다. 답을 모르면 문제에 갇힌 얼뜨기일 뿐이다. 의문을 가진 사람은 자살하지 않는다. 해결할 문제를 두고 인생을 마감한다면 한을 남기는 일이다. 이유를 알아야 하기 때문에 살아야 한다는 억지처럼 보인다.

인류가 끝내 포기할 수 없는 문제는 행복을 찾는 일이다. 그러나 행복이란 답을 찾기란 쉽지 않다. 흔히 말하는 답이란 변명이나 자기 합리화를 늘어놓는 억지일 때가 많다. 답을 찾지 못하는 인생은 늘 짧고 아쉬울 수밖에 없다.

세상일은 수많은 요소가 관련되어 영향을 미친다. 인생은 원인이 하나가 아니다. 답은 하나가 아니라는 뜻이다. 그보다 중요한 것은 답을 찾는 순간 목표가 사라지는 것이다. 진리라고 믿고 있는 것도 결국 언젠가는 모순이 드러나고 새로운 변화를 맞는다. 변화하지 않으면 존재할 수 없는데 변하지 않는 답이 어찌 있을 수 있겠는가.

답이 없는 인생은 결국 허구로 채운다. 각색하거나 미화하고 과장된다. 환상 속에서 인생은 꿈을 꾸는 것만으로 행복한 것인지 모른다. 잠시 의욕을 가진 것만으로도 감사해야할 일이다.

인생은 끝나기 전에는 영원히 풀 수 없는 문제다. 사는 것이 문제를 푸는 과정이다. 답이 없는 문제에 매달려 답을 찾아가는 인생은 π이다. 산다는 것이 매일 주어진 문제의 답을 찾고 또 문제를 기다리는 식이다. 답이 없다고 답을 찾는 일을 포기할 수는 없다. 이는 인생을 포기하는 것과 같다. 그 문제는 대를 이어 전해진다.

답이 없을 때 결국 인생은 출발점으로 돌아간다. 실마리를 따라가면 그곳에 답이 있기 때문이다. 인류의 조상이나 문명의 발상지를 찾아간다. 늘그막에 고향을 찾는 것이나, 제사를 지내는 것도 출발점에서 나를 찾기 위함이다. 결국 방황하는 영혼은 뿌리를 내리던 흙으로 돌아간다.

변화의 틀, 개념

상식은 대중이 만든 견고한 울타리이다.

상식은 옳든 그르든 대중의 믿음을 등에 업고 있다. 대중이 만든 견고한 울타리인 셈이다. 그 울타리를 비집고 나오기란 쉽지 않다. 상식과 맞서려면 확실한 증거와 분명한 논리로 기존 사고를 설득할 수 있어야 한다. 상식은 생존의 규율이기 때문에 신지식은 그 범위를 쉽게 뚫거나 벗어나지 못한다.

상식은 사회를 고정 관념에 빠뜨리곤 한다. 사람들은 시대의 강물에 배를 띄우고 상식이란 그물을 던져 고기를 잡는다. 그리고 그물에 걸린 고기를 먹는데 의심하는 사람은 없다. 다수의 약속이기도 해서 상식의 오류를 지적하기보다는 적응하고 수용하려한다. 그래서 의심할 수 없는 상식을 완벽하다고 믿는다. 완벽함은 상상을 막는다. 이 벽을 탈피하는 것이 창의성이다.

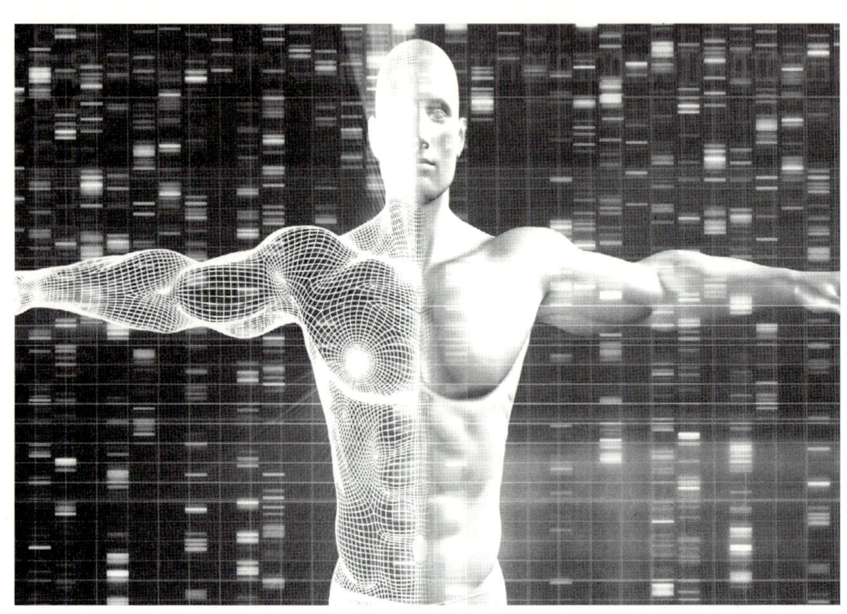

상식은 공인된 사고방식이라 할 수 있다. 함께 공유하는 삶의 규칙과 같다. 사람들은 상식을 빌미로 잘못을 정당화 하거나 책임을 전가시키기도 한다. 지나친 상식의 의존이 사람들을 관습의 늪에 빠뜨린다. 상식에서 벗어나면 불안하고 양심의 가책을 느낀다. 삶의 틀에서 벗어나는 데 대한 두려움이다. 처벌이 두려워 법을 지키려는 심리와 같다.

상식의 늪에 빠진 사람이 다음과 같은 말을 들으면 혼란스럽다.

거북이는 빠르다(지렁이에 비하면).

걷는 사람은 땅위를 떠가는 것이다(배가 물위를 떠가듯).

물고기는 물속을 날아가는 것이다(새가 공기 속을 나는 것처럼).

새는 공기 속을 헤엄치는 것이다(물고기가 물속을 헤엄치는 것처럼).

소는 공기 속을 뚫고 걷는다(두더지가 땅속을 뚫고 가듯이).

속도가 빠를수록 공기는 무거워진다(총알처럼 달리면 공기저항은 커진다).

천동설은 틀린 것이 아니라 상식의 기준이 다른 것이다. 지구 중심이 기준이 되어 생겨난 자연스런 학설이다. 지구 중심을 가리켜 준 중력이 원인일 수 있다. 지구를 기준으로 우주를 보는 눈이 무슨 죄가 되는가? 당연히 우주를 기준으로 본 지동설은 상식의 이탈자이자 신앙의 이단자인 셈이다.

불확실성과 불신이 가득할 때는 옳고 그름이 없다. 다수가 인정하고 세상이 필요로 하면 옳은 것이다. 믿음만이 진실이다. 오류가 증명되지 않는다면 기존 방식대로 살아가는데 별 문제가 없다. 신화와 전설이 지배하던 시대에 진실은 사회질서에 장애가 될 뿐이다.

논리는 서로를 설득하는 도구이다.

믿고 있는 사람과 단지 알고 있는 사람의 이해는 다르다. 논리의 목적은 이해와 설득에 있다. 설득은 인정받는 것이고 이해는 인정하는 것이다. 논리적으로 상대를 이해시켰다면 이유를 공감하고 원리를 공유한다. 이해와 설득은 믿음을 주기 때문에 마음의 문을 여는 열쇠가 된다.

소통은 부족한 것을 주고받으며 생각을 전환시킨다. 지식이 서로 얽혀서 새로운 변화를 만들어낸다. 원활한 소통에는 받아들이는 사람이나 전달하는 사람 모두 해박한 지식이 필요하다. 고등 두뇌에 잘 맞는 편리한 시스템이다. 보수적 관념은 믿음의 틀에서 벗어나지 못한다. 이 틀을 벗어나기 위한 방법은 논리적 사고다.

논리적인 사람일수록 굳어진 자신의 논리를 벗어나지 못한다. 논리는 한 번 신뢰하면 배신을 당할 때까지 따지지 않는 맹점이 있다. 어찌 보면 보고 싶은 것만 보는 확증편향 같은 것으로 생각의 덫이 되기도 한다. 그 원인은 감각의 한계 때문이다.

우리는 앞을 보고 걸을 때 동시에 뒤를 볼 수 없다. 식사할 때 노래를 부를 수 없고, 한 번에 여러 일을 판단하지 못한다. 우리는 무수한 것을 놓치고 살아간다. 원하는 것만 보고 필요한 것만 생각할 수밖에 없다. 이러한 습관은 성격이 된다.

매사를 쉽게 단정 짓는 것은 사고의 틀 속에 생각을 가두기 때문이다. 상식의 틀은 자유로운 상상을 옭아매는 오랏줄이다. 세무서를 없애면 세금을 내지 않고, 전매청을 무너뜨리면 담배를 피우지 않을 것이란 생각처럼 상식이 논리를 먹는 것이다. 그래서 상식의 허점을 이용한 사기 행각이 일어나기도 한다. 논리는 판단의 기준이 되지만 판단보다 중요한 것은 결심이고 이보다 더 중요한 것은 실행이다.

정답은 아닌데 오답도 아닌 경우

초면에 자신을 소개하려면 먼저 이름을 말한다. 이름은 그 사람 전체를 의미한다. 그러나 키다리, 김 선생 등 신체의 특징이나 직업을 말해도 그 사람을 지칭한 것이 된다. 정답 중 일부를 맞추어도 정답은 아니지만 틀린 것도 아니다. 답은 모르지만 답이 아니란 것을 아는 것과 마찬가지다. 그래서 일부 현상을 놓고 전체 정의를 내리는 경우가 허다하다.

악행을 저지른 사람은 벌을 받고 신뢰를 회복하기 위해 참회하고 봉사한다. 그렇다고 열 가지 악행 중 한 가지 선행만으로 모든 것을 용서받을 수는 없다. 10명을 죽인 살인마가 어쩌다 한 사람의 생명을 구했다고 해서 의인이라고 칭할 수 있겠는가. 도둑질하던 도둑이 도둑을 잡았다고 도둑이 아니라고 할 수 없는 것이다.

국난을 당하면 애국자는 나라를 지키기 위해서 목숨을 바친다. 그러나 위기를 극복하고 나면 수순처럼 자기들끼리 권력 다툼에 혈안이 된다. 국민의 뜻에 상관없이 자기들 집권을 위해 국론을 분열시키고 비리도 서슴지 않는다. 허울뿐인 애국을 빌미로 국민의 희생을 선동하는 꼴이다. 결과를 놓고 보면 이들이 애국자인지 사기꾼인지 알 수 없다.

과거부터 효는 인간의 도리를 행하는 근간으로 삼았다. 가족을 묶는 단단한 끈이기도 하였다. 그러나 가족 간의 갈등이 일어나면 서로를 탓할 이유를 찾는다. 부모는 낳고 기른 것을 내 세우고 자식은 현실을 원망한다. 불가에서 자식들 중에는 전생의 빚을 받으러 온 놈과 갚으러 온 놈이 있다고 한다. 효도는 빚을 갚는 일이지 사랑만은 아니라는 것이다. 굳이 말하자면 틀린 말도 아니다.

적당하다는 말은 듣기에는 참 좋은 말이지만 실행하기는 매우 어렵다. 통념상 시간의 개념은 지구 자전 속도를 기준으로 한다. 그러나 그 속도는 갈수록 길어진다. 규칙성도 변한다. 그래서 그때그때 상황에 맞게 대응하며 사는 것이 현명한 방법이다. 적당함은 옳고 그름을 따지는 것이 아니라 균형을 위한 중도이며 조화이다.

존재를 인정받는 기쁨은 얼마나 큰가.

외부 존재는 나와의 차이에 의해 감지되고 나는 외부 존재와의 차이로 인식된다. 자아는 변화의 주체이면서 기준이다. 내가 만물과 차이를 느끼는 순간 나는 자연 속 하나의 존재가 된다. 나를 기준으로 만물은 존재하고 만물을 기준으로 내가 존재한다. 차이를 모아감으로서 내가 만들어진다. 차이의 연속으로 나는 성장하고 성장의 연속으로 나의 생명이 유지된다.

존재감은 자신을 상징하는 능력이다. 권력이나 재력, 학식일 수도 있고, 배경이나 기술, 미모일 수도 있다. 더 작게는 특기나 장기 같은 십팔번일 수도 있다. 이는 삶을 지탱하는 동력이며 자존심이기도 하다. 누구나 자존심을 갖고 산다. 자존심을 건드리는 것은 가장 큰 모욕일 수 있다. 상처받은 자존심은 용서를 모른다. 논쟁을 해도 자존심은 꺾지 않는다. 각자에게 자존심은 삶의 이유이며 전부이기 때문이다.

사람은 이름을 가지는 것만으로 존재를 인정받는다. 존재를 인정받는다는 것은 얼마나 기쁜 일인가? 능력을 필요로 한다는 것 자체가 이 세상에서 역할을 부여받는 것이다. 남자는 자신을 알아주는 사람을 위해 목숨을 걸고, 여자는 자신을 예뻐해 주는 사람을 위해 화장을 한다(士爲知己者死 女爲悅己者容). 그토록 사람들이 자존심이나 명예에 민감하게 반응하는 것도 자존감 때문이다.

말년이 되어도 평생 다 쓰지도 못하는 돈에 집착하는 사람이 있다. 지키지도 못할 권력을 놓지 못하고, 누리지도 못할 명예욕에 평생을 허비하는 사람이 있다. 이유가 있다. 존재감 때문이다. 나이를 먹을수록 자존감은 커진다. 품위를 지키기 위한 보호막이자 과시용인 셈이다.

평소 존재감이 없이 사는 사람이 있다. 세상에서 중요하지 않는데 그렇다고 필요하지 않는 것도 아니다. 계륵 같은 사람이다. 존재감에 관심이 없거나, 인정받기 위해 고민하지 않는 사람으로 세상에서 가장 편한 존재인지도 모른다. 그러다 상황이 바뀌면 꼭 필요한 사람이 되기도 한다.

이름은 자기 것이지만 실은 부르는 사람의 것이다. 부르는 사람에 의해 반응하고 행동한다. 사물은 사용하는 사람이 주인이다. 진정한 꽃의 주인은 아름답게 보는 사람이고, 게임은 즐기는 사람의 것이다. 늘 자신을 돌아보며 성찰하고 수행하는 자세가 나이다.

가치는 기대감의 크기이다.

사람마다 만남이 다르다. 이야기를 나누고 싶은 사람, 친구로 사귀고 싶은 사람이 있다. 함께 일을 하고 싶은 사람, 함께 살고 싶은 사람이 있다. 그 소중함의 정도 역시 상황에 따라 다르다.

총은 소지하는 것만으로 위안을 삼는 사람이 있는가 하면 책을 장서용으로 활용하는 사람도 있다. 음식은 먹는 것이 목적이지만 때로는 진설하는 데만 활용하는 경우도 있다.

기대감이 간절할수록 욕구는 커진다. 효력만큼 가치가 높아진다. 물건은 아쉬울 때 값지다. 목마를 때 물은 생명수가 된다. 같은 액수의 돈도 필요할 때 가치가 높아진다. 많은 사람이 많이 원할 때 가치는 높아진다.

가치는 역할에 대한 평가이다. 상대가 있을 때 역할이 생겨난다. 대립자 사이의 상호작용이라 할 수 있다. 선은 악이 있을 때 생겨나고 부자는 가난한 자 때문에 기쁨을 누린다. 답답한 어둠의 고통이 없다면 새벽을 기다리지 않는다. 행복이 인생의 목표가 되는 것도 지긋지긋한 불행이 있기 때문이다.

사람으로서 왕과 농부의 생물학적 기능에는 차이가 없다. 다만 위치에 따라 역할이 다를 뿐이다. 희귀성은 가치를 높인다. 지위가 높을수록 희귀성이 높아지고 귀할수록 역할에 대한 기대치가 높아진다. 훌륭한 농부보다 나쁜 왕이 되고 싶은 이유이다.

인격은 자아 만들기

정보를 모아 만든 자아

친분을 쌓을수록 서로는 동류의식을 갖는다. 같은 상황에 처할 때도 공동의 목표를 가진 동지가 된다. 오랫동안 함께 생활하며 정보를 공유하면 동일하게 생각하고 행동하는 공동체가 된다. 가까워질수록 생각의 차이가 사라지고 닮아간다. 생각의 차이가 사라지는 순간 남을 나처럼 느끼게 된다. 부부처럼 죽도록 사랑하면 상대는 곧 자신이 된다.

손과 발은 나의 일부지만 나라고 느낀다. 자신을 의식하고 사랑하는 순간 내 안에 자아가 형성된다. 그때부터 자신을 보존하려는 생존본능이 발동한다. 주변의 존재들을 나의 일부로 만들려는 흡인력이 생겨난다. 소유욕으로 가득 찬 자신을 인식한다.

물건을 샀을 때 그 물건은 나의 것이 된다. 소유하는 순간 모두가 자신 일부가 된다고 생각한다. 신체 일부처럼 아끼고 보살핀다. 중독과 같다. 너무 가까이 하다보면 같아진다. 차이가 없어져 나를 잃는다. 반대로 구속되거나 정복당하면 그 존재가 사라진다. 의지하면 나의 의견이 없어지고 나의 존재감이 사라진다. 또한 모든 것을 내려놓을 때 자아는 떠난다.

오랜 사회 경험과 독서와 여행, 수양을 통해서 내 안에 지식과 정보를 쌓는다. 그 정보의 덩어리가 나를 움직인다. 나를 발견하는 순간 나를 벗어나지 못한다. 스스로 정보를 수용하기 시작할 때부터 나라는 중력에 묶이게 된다. 자아란 틀 속에 갇히는 것이다. 그 틀 속에 본능도 포함된다. 내가 처음부터 다른 사람일 수 없고 다른 물건이 될 수 없는 이유이다.

자아는 나를 인식할 때 느끼는 존재감이다. 나를 인식하는 것은 끊임없이 정보를 감지하는 감각 때문이다. 매 순간 반응하는 감각과 본능이 함께하는 공동체 의식이다.

존재감은 남과 차이를 느꼈을 때 인식된다. 내가 기준이 되면 상대가 보이고 상대가 기준이면 내가 보인다. 주변 존재와 자신과의 차이를 인지하는 것이다. 상대와 경쟁할수록 높아지는 적대감으로 더욱 확연해진다.

내가 다른 사람의 정보를 무한정 축적할 수 있다면 자아의식은 이동할 수 있을까? 감각과 정보의 공유를 통해 유체이탈이나 빙의로 다른 사람이 될 수 있을까? 아니다. 남처럼 똑 같이 생각하고 느끼고 행

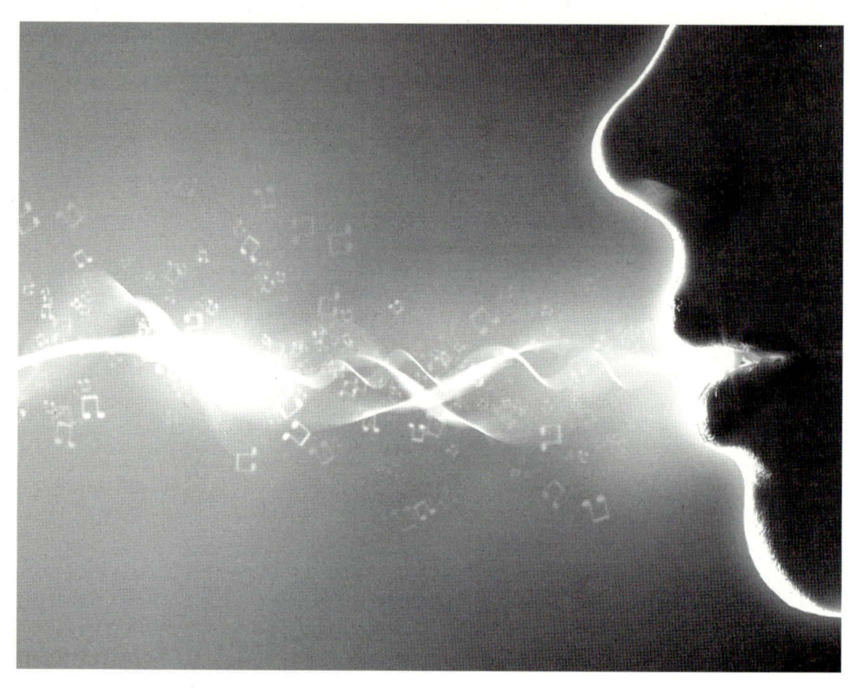

동한다 해도 구조가 다른 이상 불가능하다. 쌍둥이로 태어난다 해도 서로 혼이 옮겨가지 않는다. 태아나 유아기 때 운명이 결정되는 것이 아니라 자아를 인식할 때 각자의 운명은 나누어진다.

이름을 가진다는 것은

평범한 사람도 왕관을 씌우면 귀한 왕이 된다. 썩은 나무 등걸도 의미를 부여하면 아름다운 작품이 된다. 사람마다 이름을 가진다는 것은 그만한 가치를 부여받는 것이다. 그리고 이름을 불러준다는 것은 존재를 인정하는 것이다. 친분을 맺고 거래하겠다는 의도이다.

만물은 물론 현상과 상상에도 이름을 붙인다. 당연히 그 속에는 의미가 들어 있다. 술을 한 잔 마시더라도 변명 같은 이유가 따라 붙는다. 평범한 작품에도 의미를 담으면 가치가 매겨지고 불후의 명작이 된다.

재력과 권력을 가진 사람은 명예도 함께 주어진다. 명성 앞에 사람이 모인다. 명성은 존경의 표현이 담겨있다. 인물은 관심의 대상이 되지만 관심의 대상이 인물이 되는 것은 아니다. 인물도 흔하면 의미를 잃고 경쟁자의 그늘에 사라지기도 한다.

능력 있는 사람은 반대 세력의 압박에도 굴복하지 않는다. 인물은 스스로 변화하거나 상황을 변화시킬 능력이 있다. 명패만 닦는다고 이름이 알려지는 것은 아니다. 그래서 이름 없는 자들의 이름 만들기는 치열하다.

우리는 이름만 들어도 그 존재를 마음껏 상상한다. 상상을 곁들여서 그 차이가 주는 존재를 완성해 간다. 상상의 확인을 위해 호기심은 더욱 발동한다. 전파되는 과정에서 신비감은 높아진다. 확인되지 않는 궁금증을 채우다 보면 어느덧 소문은 명성뿐인 전설로 회자되기도 한다.

인물은 죽어서도 책임지는 사람이다.

민심은 시대의 부름이다. 난세는 영웅을 부르고 치세는 군자를 부른다. 사람은 세상이 필요로 할 때 출세를 한다. 인물은 능력 있는 사람이라기보다 시대가 원하는 사람이다. 대중이 요구한 대로 키를 잡으면 된다. 상황에 따라 지인이 되고 무인이 되고 덕인이 된다.

대중이 지목하고 민심이 인물을 만든다. 인정받고 신뢰를 얻으면 힘이 모인다. 인물은 대중을 끌어 모으는 힘이 있다. 관상만 좋아도, 호감만 갖고도 사람들은 힘을 실어준다.

물방울 같은 세력이 역사의 강을 만든다. 강물은 민심이다. 역사의 흐름은 마치 모래폭풍이 사막의 모습을 바꾸어 놓는 것과 같다. 모래알 같은 사람은 시대의 바람에 휩쓸려 갈 뿐이다.

시대가 인물을 지목하는지 인물이 시대를 만드는지 그것은 해석의 논리다. 사람들은 보다 극적인 상황을 만들기 위해서 그 시대의 중심에 인물을 놓고 싶어 한다. 마치 인물 한 사람에 의해 그 상황 전체가 연출되는 것처럼 보이게 한다.

역사 속의 인물들은 후세 사람들에게 수시로 호출을 당한다. 업적을 칭송받거나 책임을 추궁하기 위해서다. 후세에 영향을 끼칠 흔적을 남긴 사람들은 죽어서도 죽지 못한다. 그 흔적들은 유전자로 이어지거나 기록으로 전승된다. 인물은 죽어서도 책임지는 사람이다.

자신을 알면 앉을 자리도 보인다.

1등을 기대한 사람에게 2등은 불만일 수밖에 없다. 그러나 2등으로 만족한다면 그게 그의 자리다. 순위를 인정하는 것은 능력을 인정하는 것과 같다. 또한 존재를 나타내는 자리이기도 하다. 그러나 끝내 1등을 포기하지 않는 것은 하나뿐인 존재감 때문이다. 한껏 고조된 경기에서 공동 1위는 김이 빠진다. 끝내 1등을 가려야 최고의 기쁨을 맛보러 온 선수나 관중의 직성이 풀린다.

1등은 1등다워야 인정을 받는다. 1등은 영광을 누리는 동시에 역할과 책임이 따른다. 제대로 처신도 못하는 사람이 세상을 쇄신하겠다고 허풍을 떨면 누가 인정하겠는가? 인정받는 사람이나 인정하는 사람 모두가 같은 생각이어야 한다. 인정한다는 것은 서로가 존재감을 나누는 것이다.

부족한 사람이 분에 넘치는 자리를 고집하는 것은 사회의 장애가 된다. 그 자리의 역할과 주인의 목적이 다른 경우이다. 당연히 공적인 권한을 사적인 권리로 이용하는 비리가 생겨난다.

불의를 보고도 방임하는 경우도 있다. 이는 정의를 포기하는 것이거나, 불의를 인정하는 것이거나, 용기가 없어 비굴한 것이거나, 무능한 것이다.

능력이 넘치면서 역할을 다하지 않는 경우도 있다. 이는 겸손이 아니라 이기적인 처신이다. 물론 자신만을 위해 능력을 행사하는데 비난할 수는 없다. 도덕적 책임을 강요할 수도 없다. 개인의 권리는 존중되어야 한다. 그러나 사회에 헌신하는 것도 대중과 자신을 위한 상생의 역할이다.

자신을 알면 자기 자리를 찾아가야 한다. 생각일 뿐 실행하지 못하면 대가를 치른다. 질병도 몸이 느꼈을 때 예방해야지 알았을 때는 늦는다. 처세 역시 스스로 깨달았을 때 대처해야지 세상이 알았을 때는 처벌이 기다린다. 능력만큼 사는 것이 자기 역할이고 앉아야 할 자리이다.

승진은 책임과 의무가 주어지는 노력의 자리이다.

인사는 개인의 능력을 가려내 조직의 세력을 키우는 작업이다. 개인의 영달이 아닌 조직의 발전을 염두에 두어야 공정한 인사가 이루어진다. 인사가 만사라는 말이 있다. 능력 있는 사람을 리더 자리에 앉힐 때 그 조직과 사회는 발전한다. 자리에는 그에 걸 맞는 특권이 주어진다. 사적인 영달을 누리라는 것이 아니라 더 큰 일을 부탁하는 공적인 권한이다.

승진은 성과급으로 주어지는 선물이 아니다. 부족한 사람은 조직을 소유물로 여기며 주어진 권한을 자리를 유지하거나 사익을 취하는데 이용한다. 편한 자리, 쉬는 자리, 쟁취한 자리, 권한을 누리는 자리라고 여긴다. 자신이 해야 할 일도 부하직원에 떠넘기거나, 부하직원의 성과마저 가로채기도 한다. 과거에는 그런 부당한 일을 관행으로 여기며 자기능력인양 과시하는 경우가 많았다.

승진은 능력에 의한 자리인 만큼 더 많은 일을 하는 자리이다. 책임과 의무가 주어지는 노력의 자리이다. 승진이 어느 특정인을 위해 만든 속임수라면 감투는 위계질서라는 명분 아래 씌워진 껍데기일 뿐이다. 직책은 권한과 역할이 함께 부여된다. 권한은 누리고 역할을 다하지 못할 때 어느 누구도 비난의 화살을 피할 수는 없다.

세상 사람들은 모두가 주인공이 되고 싶어 한다. 그러나 그 자리는 임자가 있다. 미꾸라지가 용을 꿈꾸는 순간 불행은 시작된다. 과욕이 문제다. 돈과 권력이 함께하면 그 자리는 부패하기 쉽다. 명예만을 중시하는 지도자의 자리는 떠난 후에도 향기가 나는 법이다.

반대편에 서야 내가 보인다.

인간은 결코 완벽하지 않다. 세상이 기계에 의존하며 사는 것만 보아도 알 수 있다. 결코 혼자 살 수 없다. 결혼을 하고 평생을 의지하는 것을 보면 알 수 있다. 사람은 행복하게 살지 않는다. 죽을 때까지 행복에 목말라하는 것을 보면 알 수 있다. 사람은 한 없이 부족하다. 욕심이 끝이 없는 것을 보면 알 수 있다. 꼭 사람답게 살지 않는다. 가끔 짐승 같은 짓을 저지르는 것을 보면 알 수 있다.

삶은 상대적이다. 남의 행복을 부러워하는 순간 자신은 불행하다고 생각한다. 남을 부자라고 질투하는 순간 자신은 가난해지고, 남을 칭찬하는 순간 스스로 못난 사람이 된다. 그러나 대부분의 사람들은 자신을 착한사람, 좋은 사람이라고 믿는다. 그렇게 믿고 싶어 한다. 특히 사람들로부터 칭찬을 많이 받는 사람일수록 그런 착각에 빠진다. 그래서 보고 싶은 것만 보고 믿고 싶은 것만 믿게 된다. 자기의 단점이 보일 리 없다. 알고 싶지도 않고 수긍하는 것도 싫다.

너무 높은 기준 때문에 좌절에 빠질 수도 있다. 깨달음은 기쁨을 주지만 후회의 고통을 안기기도 한다. 잘못을 알지만 인정하지 않고 참회를 꺼리는 것도 자신에 대한 부정이 두렵기 때문이다.

탈무드에 '형제의 개성을 비교하면 모두 살리지만 형제의 머리를 비교하면 모두 죽인다.'는 말이 있다. 세상에서 개성은 모두 필요로 하지만 지능은 단 하나만을 원하기 때문이다. 개성은 각자의 독특한 차이이다. 비교하되 비난해선 안 된다. 이는 남보다 잘하려 하지 말고 남과 다르게 하라는 말이다.

거울은 반대편에서 나의 모습을 비춘다. 음과 양의 관계처럼 마주 보아야 또 다른 내가 보인다. 반대 의견은 처음에는 당황하겠지만 반면교사로 삼게 되면 자기를 바꾸는 스승이 된다. 반대 의견을 통해 배울 수 있는 것도 서로의 차이 때문이다. 반대 의견 속에는 또 다른 생각이 비쳐질 수 있고 참다운 진실을 발견할 수도 있다. 남의 말과 시선에서 나의 참모습이 보인다. 부끄러워한다는 것은 자신을 아는 것이다. 자기 생각이 깨어지는 자조감이기도 하다.

세월이 나를 만든다.

따뜻한 대지의 온기에 씨앗은 말없이 깨어난다. 얼굴을 내민 새싹은 구름이 뿌려주는 비를 마신다. 그리고 햇볕이 내린 젖을 먹고 잎을 펼친다. 이윽고 뿌리의 속삭임과 숲이 들려준 이야기를 들으며 어린 나무로 자란다.

세월을 먹고 부쩍 커버린 나무는 어느 때부터인가 바람에 흔들리는 소리를 듣는다. 사슴의 눈망울에 자기의 모습이 비칠 때까지 나무라는 것을 알지 못한다. 성장하는 동안 바쁜 자신을 알지 못한다. 어려서 경험이 텅 빈 나무는 보아도 알 수 없었던 것이다. 한그루 나무가 된 씨앗은 어느새 숲이 되어 있다.

보고 배우고 깨달은 뒤에야 비로소 내가 보인다. 살아온 세월이 곧 나였다는 것을 알게 된다. 왜 나를 돌아볼 수 없었는지 나이가 들어서야 알게 된다.

미숙한 어린이는 자신을 인식하기 어렵다. 경험이 부족하여 외부 정보가 축적되지 않았기 때문이다. 자료처리만 하는 일반컴퓨터가 스스로 생각하고 사물을 인식 없는 것과 같다.

달리기 경주를 할 때 오직 몰두하는 것은 속도와 경쟁의식뿐이다. 일에 몰두하거나 배움에 전념하는 시절에는 자신을 잊는다. 생활에 바쁜 사람은 자신을 뒤돌아볼 여유가 없다. 젊은 시절은 온통 자신을 형성하기 위한 정보수집 과정이기 때문이다.

노인이 되었을 때 인생은 완성된다. 경험이 축적되고 삶의 정보가 쌓였을 때 자신을 돌아볼 능력이 생긴다. 맨 나중이 기준이 되면 지나온 삶은 늘 부족하고 아쉽다. 세월과 함께 성숙할수록 반성과 깨달음이 오는 이유다.

나이가 들면 객관적으로 진정 나를 보게 된다. 내가 나를 인식한다는 것은 나를 보는 또 다른 내가 존재하는 것이다. 지금껏 살며 정보를 축적하고 있는 또 다른 나이다.

3

변화 만들기

더 벌기 위해 버는 돈

돈은 빚이다.

흥정이 끝나고 물건을 받는 순간 손님은 물건 값만큼 주인에게 빚을 진다. 그러면 그 빚을 갚기 위해 돈을 지불한다. 주인이 돈을 먼저 받는다면 손님에게 돈에 해당하는 빚을 지게 된다. 이 빚을 물건으로 갚는 것이 매매다. 고용인이 일꾼을 고용하는 것도 빚이다. 이 빚은 급여를 지불하여 갚는다. 이 돈은 다른 것과 거래가 가능한 약속증서이다.

돈이 많은 부자는 빚을 주고 그 빚을 돌려받을 때 원금에 이자를 덧붙인다. 빚을 진 사람은 이자를 더 벌어야 빚을 갚는다. 그 이자가 노동 생산량이다. 빚을 노동력으로 갚으면 노동 착취 같지만 생산성으로 이어진다. 그래서 사람들은 더욱 많이 일을 하게 되고 자본주의는 부를 축적한다.

생산량을 늘리기 위해 국가는 국민이 빚을 지기를 원한다. 빚은 자발적인 생산효과를 가져온다. 빚을 갚기 위해 부지런히 일하면 국가가 발전하는 원동력이 된다. 빚이 많을수록 빚을 갚기 위해 생산 활동이 많아지기 때문이다. 일을 많이 하면 할수록 돈을 많이 벌고 그만큼 국가에서는 돈을 많이 찍어낸다. 경제가 발전할수록 돈이 더 필요하다. 그 돈은 더 많은 노동력을 유발한다.

은행이 100원의 돈을 찍어내면 공짜로 시중에 유통시키지 않는다. 그 돈을 빌려간 사람이 생산 재료와 노동력과 바꾸고 원금과 함께 이자를 은행에 갚는다. 은행은 돈을 가지고 이자만큼의 장사를 한다.

마냥 돈을 찍어낸다면 돈은 흔해지고 물건이 귀해진다. 물건에 대한 화폐량이 증가하고 돈의 가치가 떨어져 물건 값이 뛰는 인플레이션을 불러온다. 돈의 가치는 떨어져 적게 일하는 사람, 적게 버는 사람이 먼저 치명상을 입게 된다. 열심히 살아도 돈의 가치가 떨어져 가난해지는 경우가 벌어진다. 필요에 의해 생겨난 가치가 아니라 인위적으로 가치를 부여해 숫자만 높인 거품경제가 생겨난다.

반대로 은행이 돈을 회수하면 디플레이션을 가져와 유통이 막혀 경제는 어려워진다. 시장경제는 돈으로 거래되는 것 같지만 돈도 거래된다. 돈도 변화라는 가치를 지닌 이상 서로 사고파는 상품인 것이다.

돈으로 살아가는 인생도 빚이다. 거래 자체가 빚이다. 마음을 주고받는 것, 선물을 주고받는 것, 은혜를 갚는 것, 심지어 원수를 갚는 것 모두가 빚이다. 빚은 주는 사람이나 받는 사람 모두 그 무게에 자유롭지 못하다. 돈은 늘 생존을 옭아매는 족쇄와 같다.

254
320
241
250
650
550
450
650
720
600
900
1200
850
800
960
1500
1200
1400

어찌 보면 삶 자체가 빚이다. 빈 손으로 왔다가 빈 손으로 가는 것을 보면 알 수 있다. 떠날 때 평생 모아본들 가져가는 사람은 없다. 모두가 빌린 것이다. 육체를 빌리고, 세상을 빌리고, 지식을 빌린다. 재물도, 권력도, 사람도, 에너지도 단지 나를 거쳐 간다. 그 거래를 위한 매개체가 돈이다.

돈을 잘 쓰는 것도 돈을 버는 것이다.

경제의 가장 중요한 원리는 유통이다. 이는 숨을 쉬는 것과 같고 온 몸을 피가 순환하는 것과 같다. 피를 돌게 하는 원동력은 시장에서 나온다. 돈의 유통은 나라를 숨 쉬게 한다. 시장은 허파이자 심장의 역할을 한다. 피가 산소를 운반하듯이 자본이란 에너지를 공급한다.

돈은 물건이나 노동의 가치를 교환하는 매개체다. 거래나 매매를 위한 수단으로 그 가치를 측정하는 기준이 되기도 한다. 은행은 돈을 거래하고 유통하는 곳이다. 돈이 가진 변화의 능력을 소유한 것이다. 돈은 쓰는 사람이 임자다. 남의 돈이라 해도 건네는 사람은 거래의 맛을 느낀다. 오가는 변화의 자극을 즐기는 셈이다.

돈의 가치는 무엇보다 신용과 거래의 편리성에 있다. 재물이나 노동은 물론 가치 있는 어떤 것과도 바꿀 수 있는 기능이 있다. 돈은 귀신도 맷돌질을 시킬 만큼 위력이 있다. 돈은 소유하는 것만으로 행복을 느낀다. 평안과 동시에 무한의 상상이 주는 환상의 기쁨을 즐긴다.

무엇이든 교환할 수 있다는 기대와 믿음이다. 그래서 돈은 아무리 벌어도 아쉽다.

돈은 물건은 물론 때와 욕구도 거래한다. 돈의 가장 큰 가치는 때를 조정한다. 사용 시간을 맞추어 가치를 창출하는 도구이다. 쓸 때를 기다리며 가치를 높이는 것이다. 돈을 아끼는 것은 안 쓰는 것이 아니라 긴요하게 사용할 기회를 기다리는 것이다. 돈은 필요할 때 그 가치가 가장 높다.

돈은 쓰기 위해서 번다. 사람이 살아 있을 때는 쓸 돈이 없어서 아쉽고 죽을 때는 다 못쓰고 죽어서 아쉽다. 한평생 번 돈은 70%는 다른 사람이 쓰거나 남을 위해 쓴다고 한다. 버는 사람과 쓰는 사람이 따로 있는 셈이다. 돈은 어떻게 벌었는가 보다 무엇을 위해 쓰느냐가 중요하다. 돈을 잘 쓰는 것도 버는 것이다. 때로는 안 쓰는 것도 버는 것이다.

때로는 애써 번 돈을 도둑맞을 수도 있고 사기 당하거나 빼앗기기도 한다. 자신을 위해 쓸 수도 있지만 어쩔 수 없이 남을 위해 쓰는 경우도 있다. 기껏 벌어놓으면 남이 쓸 수도 있다. 쓰이지 못하고 통장이나 금고 속에 갇혀 있을 수도 있다. 아예 소각 되거나 버려지고 폐기되는 수도 있다. 돈은 마음으로 쓸 때 가장 가치가 있다.

소비한다고 무조건 사라지는 것은 아니다. 세계의 주식으로 일컫는 쌀과 밀은 인류를 지금까지 보존하여온 주요 에너지원이다. 가장 많이 먹어치운 벼와 밀이 멸종되어야 마땅하지만 재배를 통해 오히려 양이 늘어나고 있다. 소고기와 돼지고기를 그토록 먹어치웠는데도 소와 돼지는 멸종하기는커녕 사육수가 늘어나고 있다.

필요한 것은 인위적으로 보호하거나 사육을 통해 멸종을 막는다. 많아서 사라지지 않는지 절실해서 보존되는 것인지는 확실하지 않다. 다만 필요하면 소비하기 위해 쌀과 밀처럼 재배되거나 소와 돼지처럼 사육하여 오히려 개체수가 늘어나고 종이 보호된다는 점이다.

돈은 가치를 위해 쓴다. 쓸데없이 돈을 소비하는 것은 어리석은 일이다. 쓸 가치가 없다면 버릴지언정 단 한 푼도 낭비해서는 안 된다. 그것이 돈을 존중하는 일이고 버는 사람에 대한 예의다. 의미 있는 소비는 흔적이 남는다. 잘 쓰는 돈, 남을 위해 쓰는 돈은 어딘가에 그 가치를 남긴다.

소유는 변화의 권리이다.

소유한다는 것은 어떤 대상에 대해 변화를 행사할 수 있는 권리이다. 사용하는 것, 파는 것, 주는 것, 빌려주는 것, 버리는 것, 파괴하는 것, 먹는 것 등 마음대로 행사할 수 있는 것이다.

자연은 밀을 만들고 인간은 빵을 만든다. 다른 사람이 돈을 내면 그 빵을 소유할 수 있다. 소유권만으로 먹을 수 있고 가질 수 있다. 물건을 구매했을 때 얻는 권한이다. 그러나 본질까지 소유한 것은 아니다. 물건을 소유했다고 자기가 만들었다고 할 수는 없다. 농작물을 팔았다고 땀 흘린 시간마저 넘기는 것은 아니다. 소유한 것만으로 과거 흔적까지 가질 수는 없다.

소유의 가치는 필요에 의해 생긴다. 사람에게 쓸모없는 개미집도 힘들게 지은 개미에게는 무엇보다 소중하다. 개미는 고층 빌딩을 욕심내지 않는다. 잠자리는 우주선을 부러워하지 않는다. 필요하지 않으면 소유의 의미가 없다.

소유당하는 순간 주체적 권리는 사라진다. 그렇다고 한 몸이 되는 것도 아니고 어느 한 쪽으로 흡수되는 것도 아니다. 겉으로는 달라진 것이 하나도 없다. 다만 소유물의 변화를 간섭 할 수 있는 권리를 가질 뿐이다. 그런데 사람들은 그 영혼까지 소유한다고 믿는다. 노예를 사서 부릴 수는 있어도 노예의 마음까지 가질 수는 없다.

친구나 부부가 되면 서로에게 간섭하려든다. 사랑의 표현일 수 있다. 그러나 친구가 되었다고 물건까지 마음대로 사용할 수는 없다. 부부일심동체라고 해도 공동의 마음을 만들어가는 권리가 있을 뿐이다. 비누를 산 주인은 비누를 사용하고 처분할 권리만 있다. 비누를 만든 사람의 노력이나 꿈까지 소유할 수는 없다.

소유자가 문화재를 마음대로 팔거나 파괴할 권리가 없듯이 소유에는 한계가 있다. 자연을 의지하여 살다가 세상을 떠날 때 후대에게 넘겨주는 것과 같다.

돈과 인생

돈은 처음 손에 쥘 때가 기쁨이 가장 크다. 빈 욕구를 채우는 순간 느끼는 만족감이다. 첫사랑이 가장 기억에 남고 입에 사탕을 넣는 순간이 가장 달다. 이사 가던 날의 기쁨과 아기가 태어나던 날의 기쁨은 말할 수 없이 크다. 무에서 유에 이르는 순간의 변차가 가장 자극적이다.

호화로운 집이라 해도 오래 살다보면 싫증이 난다. 사랑하는 부부 사이도 몇 년 지나고 나면 권태기가 기다린다. 그러나 돈은 시간이 지나도 소유의 기쁨은 희석되지 않는다. 돈은 가지면 소비할 수밖에 없는 운명이다. 오히려 다른 변화와 교환하고 싶은 기대감이 상승한다.

돈의 본질은 변화다. 평생을 갑부로 살다가 죽기 직전 부도가 난 사람과 평생을 가난하게 살다가 죽기 직전에 벼락부자가 된다면 어느 쪽을 택하겠는가?

물건은 가지는 사람이 주인이고 돈은 쓰는 사람이 임자다. 돈의 실제 가치는 거래 되는 순간 결정되기 때문이다. 물건은 사용하면 가치가 떨어지지만 돈은 훼손되어도 약속 증서로써의 가치는 떨어지지 않는다.

1억을 벌어 금방 1억을 소비한 사람과 아예 아무것도 벌지 않은 사람의 결과는 같다고 할 것이다. 그러나 돈을 가져본 사람과 가진 적이 없는 사람은 다르다. 돈을 가져 본 사람은 변화를 겪은 사람이다.

변화를 많이 겪을수록 삶의 가치가 높다. 도박을 하는 사람은 돈이 목적인 것 같지만 실은 돈을 잃고 따는 그 변화의 자극을 즐긴다.

돈으로 믿음을 살 수는 없어도 돈 때문에 믿음은 쉽게 무너진다. 돈으로 진실한 사랑을 살 수 없다지만 돈이 없으면 사랑은 깨진다. 건강이 최고라 하지만 돈 없는 건강은 유지하기 어렵다. 돈 없는 명예 또한 무력하고 쓸쓸하다. 돈에 집착하는 이유는 이토록 의식주는 물론 생로병사의 문제와 직결되기 때문이다.

부족함이 주는 무한의 기쁨

누구나 돈을 벌고 싶어 한다. 쉽게, 빨리 그리고 많이 벌고 싶어 한다. 일에는 관심이 없고 돈만 벌려는 사람은 실패한다. 일이 재미가 없으니 집중이 안 되고 태만해지기 마련이다.

소유에 대한 관념도 없이 탐욕을 부리는 부자는 사회의 적이 된다. 상대적 빈곤을 주기도 하지만 심리적인 모멸감마저 안겨준다. 가난한 사람들이 부자를 경멸하는 이유이다.

돈을 벌려는 사람보다 벌어놓은 사람이 더 탐욕스럽다. 돈을 버는 데도 투자할 돈이 필요하지만 돈을 관리하고 지키는 데에도 돈이 든다. 돈의 위력을 가지고 만용을 부리고, 위신도 세우고, 남이 가지지 못한 것을 뽐내고, 불가능한 일에도 만용을 부려야 한다. 돈이 돈을 먹는다.

부자는 돈을 버는 맛과 쓰는 재미를 아는 사람이다. 누구보다 돈의 위력과 돈의 유혹을 잘 알고 있다. 돈을 쓰는 것보다 버는 데 더 큰 기쁨을 느낀다. 돈을 쓴다는 것은 교환하는 단 한 번의 기쁨이지만 버는 동안은 무한한 기대감이 지속된다. 그 유혹 때문에 돈 맛을 본 사람은 결코 돈에 순수할 수가 없다.

사마천의『사기』중에 돈의 위력에 관한 내용이 있다.

나보다 돈이 10배 많은 사람을 보면 헐뜯고
100배 많은 사람을 보면 두려워하고
1000배 많은 사람에게는 고용인으로 전락하고
10000배 많은 사람에게는 노예가 된다.

진정한 가치

상품은 거래될 때 비로소 가치를 갖는다. 아무리 가격이 높고 귀해도 거래가 이루어지지 않으면 쓰레기와 같다. 그 가치를 담보로 거래를 성사시키는 매개체가 돈이다. 호환성, 상징성, 신뢰성이 돈의 특성인 만큼 무엇이든 살 수 있고 부릴 수 있고 거래할 수 있다.

돈은 재화의 기준이고 부의 상징이다. 모두가 인정받는 믿음을 지닌다. 인정받는 것 자체로 가치가 부여된다. 신을 믿으면 모두가 공유하듯이 돈은 가치를 공유한다. 돈 되는 일은 무엇이든 가치를 지닌다.

돈은 세상 변화를 모두 담고 있는 농축덩어리다.

값나가는 것은 귀하고 가치가 높다. 간절할수록 효용성이 높아진다. 여름 양복을 여름에 사는 것과 겨울에 사는 것은 효용성이 다르다. 같은 음식이라도 배고플 때와 배부를 때 맛이 다르다.

가치는 효용성이지만 값은 희소성이다. 아무리 소중해도 흔하면 값이 떨어진다. 물과 금 중 어느 것이 가치가 있다고 생각하는가? 역할로 보면 금은 없어도 살지만 물은 한시라도 마시지 않으면 살 수 없다. 그런데 3.75g의 물이라면 공짜인데 금은 수 십 만원에 거래된다.

가치는 기능보다 역할에 있다. 긴요하게 쓰일수록 가치는 높아진다. 돈이 아무리 많아도 사용하지 않으면 무용지물이다. 분명 비싼 보석은 누구나 탐을 내지만 배고픈 사람 한 끼 식사만 못하다. 불치의 병을 앓고 있는 사람은 특효약 한 알이 재산보다 귀하다. 속성을 알고 쓸 줄을 알면 가치가 높아진다.

돈이 많다고 꼭 행복한 것은 아니다. 돈은 행복과 바꿀 수는 있으나 그 자체가 행복은 아니기 때문이다. 행복은 누구나 가지고 있다. 그러나 스스로 느끼는 사람의 것이다. 돈은 행복을 느끼는 수단일 뿐이다.

돈은 더 벌기 위해 번다.

돈이 없을 때는 살기 위해 벌지만 벌고 나면 더 벌기 위해 산다. 생존을 위한 소비가 아니라 즐기기 위한 소비로 돈이 더 필요해진다. 과소비나 사치, 허영의 원인은 끝없는 변화의 결핍증이다. 이젠 더 벌기 위해 살아야 한다.

장사로 돈을 버는 것은 차익을 남기는 것이다. 되로 주고 말로 받는 것이 남는 장사다. 쓰지 않는 것도 버는 것이다. 여행을 취소하면 그동안 모아둔 경비는 버는 것이다. 자기가 내야 할 돈을 남이 대신 내게 하는 것도 버는 것이다. 만원어치 대접을 받고 천원어치 대접하면 남는 것이다. 심지어 수십억 원어치 도둑질을 하고 옥살이로 때우면 버는 것이라고 여긴다. 자신이 입힌 손실을 상대에게 떠넘기는 사람도 있다. 모두가 자신에게 유리한 차익이다.

욕심을 부리는 사람은 욕심을 채우기도 하지만 욕심을 늘리기도 한다. 소비가 절실해서 일하는 사람과 오직 돈을 벌기 위해 일하는 사람이 있다. 소비하기 위한 사람에게 돈을 주면 더 이상 돈을 벌지 않지만, 돈을 버는 것이 목적인 사람은 더 벌기 위해 번다. 당연히 투자를 위한 자금마련을 위해 더 벌게 된다. 투자는 채우는 것이 아니라 욕심을 늘린다.

돈을 쓰는 것은 더 벌어 채우기 위한 것이다. 만남은 헤어지기 위해 만나는 것은 아니다. 그러나 새로운 만남을 위해 헤어진다. 산은 내려오기 위해 오르는 것이 아니다. 더 이상 오를 곳이 없어 내려온다. 해는 뜨기 위해 지는 것은 아니다. 그러나 져야만 뜬다. 죽지 않고 어찌 태어나겠는가?

사람은 높이 오를수록 더 높은 곳을 꿈꾼다. 가진 것을 지키기 위해서도 더 많은 힘과 돈을 필요로 한다. 결국 가진 사람이 더 가지게 된다. 욕심이 크면 늘 부족한 것처럼, 더 벌려고 할 때 가난해진다. 욕심이 있는 한 항상 부족하다.

변화를 먹고 사는 삶

느려도 늦지 않다는 것은

가던 길을 멈추면 돌아보게 된다. 나보다 느린 변화가 다가오기를 기다리는 것이다. 그 기다림 속에 나와 주변의 변화를 비교하게 된다. 나의 위치와 속도의 의미를 가늠해보기 위해서다.

내가 바쁘면 주변의 삶은 느려지고 멀어진다. 주변의 것들을 잃고 있는 것이다. 그러나 내가 속도를 줄이면 잃었던 것들이 다가온다. 나를 외면하던 것들이 나를 돌아본다. 느려도 늦지 않다는 말이 있다. 늦는다고 잃은 것은 아니다. 잠시 속도를 늦추어 만남의 기회를 만드는 것이다.

삶의 속도가 빠르면 자연의 속도가 느려진다. 바쁠수록 자연은 더 빠르게 멀어진다. 내가 속도를 늦추면 자연은 조용히 다가온다. 미세한 자연의 변화가 느껴지고 관조할수록 자연은 나와 하나가 된다.

빠르게 변화하는 세상이라 해도 함께 하면 빠르지 않다. 바쁜 현실에서 함께하려 해도 속도를 맞추지 못한 사람은 고달프다. 삶의 수준을 높이고 행복을 추구하다보면 노력만큼 행복지수는 낮아진다. 빨리 산을 오르면 그만큼 빨리 내려와야 한다. 빨리 성공 하는 사람은 그만큼 노력의 의욕을 쉽게 버린다. 한꺼번에 많은 것을 깨달은 사람은 삶의 의미를 빨리 잃는다.

욕심이 과할수록 마음은 바빠지고 매사를 독촉하게 된다. 불필요한 에너지가 소진되고 부질없이 인생을 낭비하는 꼴이 된다. 빠른 세상에서 느리게 살면 쉽게 큰 변화를 얻는다. 힘들이지 않고 오히려 삶의 활력을 느낀다. 느리게 살자는 것은 세상 돌아가는 속도에 맞추어 불필요한 힘을 낭비하지 말자는 뜻일 것이다.

세상의 변화는 상대적이어서 아무리 빨라도 빠르지 않고, 아무리 느려도 느리지 않다. 삶의 속도에 비해 자연의 시간은 느리기 때문에 생물은 진화할 시간을 번다.

지구의 변화에 비해 인간 수명의 순환 속도가 빠르기 때문에 갑작스런 생명의 단절은 없다. 항체를 만들고 내성을 기르고 적응할 여유가 있다. 어쩌면 우리는 충분히 느리게 살고 있는지도 모른다. 느림에 대한 관심은 미처 다 보지 못하고 비켜가거나, 흘러 보내거나, 뛰어 넘은 주변 현상들을 챙겨 보자는 의미이다.

음양 공존의 조화

세상은 불행보다 행복이 부족한 것이 틀림없다. 모두가 행복을 원하는 것을 보면 알 수 있다. 정의를 부르짖는 것도 부족한 불균형 때문이다. 정의 보다 불의가, 양심 보다 비양심이 더 많다는 뜻이다. 사람들은 그 차이를 행복과 정의로 채우고 싶어 한다. 수요와 공급이 일치하지 않는다.

목적을 이루는 것은 균형을 이루는 것이다. 균형을 이루고 나면 멈추어야 한다. 그러나 변화를 멈출 수는 없다. 변화를 위해 불균형이 필요한 셈이다. 필요악처럼 불균형은 변화의 전제 조건이 된다. 변화를 위해 균형은 또 다시 불균형을 만든다.

자칫 불행은 마치 행복을 위해 있는 것처럼 보인다. 선을 낳는 것도 악이 된다. 그리고 다시 행복은 불행을, 선은 악을, 정의는 불의를, 양심은 비 양심을 견제하는 수단으로 공존한다. 공존하지 않으면 변화도 없는 것이다.

변화를 위해 세상에는 음과 양이 공존한다. 강한 것과 약한 것, 악한 것과 선한 것, 정의와 불의, 아름다운 것과 추한 것, 행복과 불행이 함께 밀당으로 견제하며 조화를 이룬다. 세상은 균형과 불균형을 반복하는 이합집산의 반복이자 음과 양의 순환이다.

사람도 양면성을 지닌다. 그래서 악한 사람은 마음 어딘가에 선을 품고 있다. 그 선으로 악을 보완하기 위해서다. 사람이 남성과 여성의 호르몬을 함께 가진 것과 같다. 어느 한 쪽으로 치우치며 변화를 이룬다. 그러나 치우침은 오래가지 못한다. 다시 변화하기 위해서는 원래의 자리로 돌아가야 한다. 이처럼 음과 양이 공존하는 이유는 조화를 이루기 위해서다.

실패나 불행도 이유가 있다. 슬픔도 고통도 지나친 기쁨과 쾌락을 견제한다. 실패는 깨우침으로 발전의 계기가 되고, 불행한 사람도 시련을 견디면 더 큰 행복을 얻는다. 병도 극복하고 나면 더욱 건강해지지 않던가. 공존의 의미를 통해 실패와 불행의 소중한 가치를 알게 된다.

인생 역시 운명과 선택이 공존 한다. 모르면 운명에 맡기고 알면 스스로 결정해야 한다. 수용할 것인지 맞서야할 것인지, 넘어야 할 것인지 돌아서야 할 것인지를 선택의 기로에 선다. 어떤 깨달음과 계기가 오면 그 때가 시작이 되고 출발점이 된다.

온통 변화뿐인 세상

세상에는 만물이 빚어낸 변화가 가득하다. 밤과 낮이 매일 반복되고 사계절은 일 년 내내 때맞추어 변화를 몰고 온다. 주변을 돌아보면 담아야 할 지식과 차단해야할 사건들이 넘쳐난다. 유혹과 욕망이 도처에 꿈틀거린다.

인생은 변화의 연속이다. 공급과 소비, 전쟁과 화해, 사랑과 미움,

만남과 이별, 탄생과 죽음 등 변화를 위한 밀당은 끊이지 않는다.

변화를 제공하는 것들은 많다. 지루해지면 계절이 바뀌고, 무료할 때쯤이면 해가 지고, 밤이 되면 잠이 온다. 수많은 동식물이 그 형태와 생존 방식을 달리 하며 변화를 양산한다. 그 변화무쌍함이 삶을 자극하고 경쟁을 부추긴다. 그 외에도 책, 가족, 친구, 인터넷, 언론매체, 여행, 게임, 운동경기, 모임, 문화제, 예술작품, 직장, 연구, 상품, 건축, 사랑, 음식 등 문명이 온통 변화 덩어리다.

변하지 않는 것이 없다. 변하지 않고는 존재할 수가 없기 때문이다. 법칙이고 진리라 하는 것도 언젠가는 변한다. 다만 그 본질을 유지하는 기간이 길 뿐이다. 같으면서도 다른 것이 만물이다. 모두가 크고 작게 차이가 난다.

사는 것도 그렇다. 같은 모임에서 각기 다른 옷을 입고, 같은 지역에 살면서 각기 다른 집을 짓고, 같은 음식을 먹지만 각기 다른 맛을 느낀다. 평생을 서로 기웃거리며 다른 삶을 산다. 변하고, 발전하고, 환경을 바꾼다. 변화는 변화를 낳는다.

다양성이 집중된 도시는 변화가 넘친다. 다양성은 변화의 생산을 높인다. 도시가 열배가 커지면 혁신 능력은 17배가 증가한다. 변화를 먹고 사는 사람들이 도시에 모여드는 것은 당연하다. 변화가 활발한 만큼 수명도 길다. 100세 생존율이 높은 도시도 대부분 수도권에 있다. 우리나라 도시 인구는 전체 인구의 90%에 가깝다고 한다. 도시가 명당인 셈이다.

변화를 받아먹기에도 바쁘다.

우리는 매일 변화를 먹고 산다. 눈을 뜸과 동시에 미리 세워놓은 계획을 실천하며 수많은 변화를 만난다. 직장 활동은 물론 언론과 책을 접하고, 각종 상품이나 운동 경기, 영화나 콘서트, 부동산 매매나 증권, 유행하는 노래나 신조어, 각종 모임이나 회식 등 헤아릴 수 없는 변화와 마주친다.

해를 거듭할수록 전문지식은 폭발적으로 증가한다. 일반인들이 이를 습득하는 것은 불가능하고 편리한 기능만을 누리게 된다. 이제는 그 발명품이 뿜어내는 엄청난 편리함마저도 접할 시간이 없다.

요즘은 디지털 문화의 발달로 비트가 지배하는 세상이 되었다. 핸드폰이 확산되면서 정보의 홍수가 세상을 쓸고 다닌다. 쏟아지는 정보를 일일이 담기는 고사하고 접할 겨를조차 없다.

세상에는 헤아릴 수도 없는 변화가 일어난다. 그러나 이를 모두 볼 수도 없고 인지하지도 못한다. 감각의 한계 때문에 필요한 것만 보고, 보고 싶은 것만 본다.

노래를 따라 부르지만 작곡할 줄은 모르고 읽기만 하지 쓸 줄은 모른다. 그리는 고충은 헤아리지 못하고 가혹한 비평만 날린다. 표현의 부족으로 창작은 고사하고 정보 전달마저 불확실하다. 정체된 사회에 외래 문물을 수혈하기에도 바쁘다.

가짜 소문이나 찌라시가 공공연하게 인터넷을 떠도는 경우가 있다. 논리적으론 의심이 가지만 진실과는 상관없이 관심을 끈다. 상상을 자극하여 일시적인 변화를 즐긴다. 소설이나 영화 속의 허구를 즐기는 심리와 같다.

변화를 위해서라면 저승도 두렵지 않다.

무작정 빛만 보고 날아든 벌레 한 마리가 전등 커버 안에 갇혔다. 벌레는 밤새 불빛 속을 헤매다 죽는다. 인생도 행복을 향한 환상 속에 갇혀 살다가 죽는 것인지도 모른다. 물을 좋아하는 사람은 물에 빠져 죽고, 불을 좋아하는 사람은 불에 타서 죽는다. 돈을 좋아하는 사람이 돈을 벌고 죽는다면 그 사람은 행복할 것이다.

욕구를 채우면 싫증을 느낀다. 만족하면 변화가 멈춘다. 이루고 나면 의지가 멈춘다. 우리는 바닷물을 마시지 않는다. 몸과 바닷물의 염도가 같기 때문이다. 차이가 나지 않는 것은 본능적으로 거부하는 것이다.

산다는 것은 변화를 먹는 것이다. 할 일이 없는 사람은 우울증과 같은 변화의 결핍증에 시달리게 된다. 산다는 것은 욕심을 멈추고 싶어도 멈출 수가 없다. 그래서 할 일이 없는 사람은 아무 일이나 꾀할 수밖에 없다.

외로울 때 변화에 대한 갈증은 크다. 이 갈증을 해소하기 위해 때로는 비상식적인 행동을 한다. 때로는 선악을 가리지 않는다. 아무 변화나 꾀하다 고의 아니게 사고를 친다. 마약이나 알코올에 중독되거나, 도박에 빠지는 등 어떤 형태로든 변화를 취하고 싶어 한다. 상쇄된 변화를 다른 행동을 통해 보충하는 것이다.

남자나 여자는 사람이라는 기준에서 보면 같다. 그러나 신체적 구조나 성격에 따라 차이가 나고 의복이나 용모에도 의도적으로 차이를 낸다. 이런 이유로 편의상 남성은 강자로 여성은 약자로 구분 짓는다. 그 남녀 차이가 너무 커져버린 것이 성차별이다.

대중은 본능적으로 충격을 원한다. 사회운동가들은 사회를 변화시킬 명분을 찾는다. 개혁은 변화 그 자체가 목적이다. 크면 줄이고 좁으면 넓힌다. 내려가면 오르고 오르면 다시 내려올 것을 꾀한다. 무료하면 일을 만들고 악을 보면 의를 부르짖는다. 무언가를 위한다는 명분으로 변화를 위한 변화를 탐한다.

뉴스나 논객들의 논쟁에 빠져드는 것도 변화의 자극을 즐기려는 호사가들의 심리다. 친구를 사귀고 외출을 하고 놀이를 꾀하는 것은 변화의 갈증 때문이다. 대화에도 세계 최고, 역대 최다, 오직, 하나뿐인, 으뜸, 일등, 꼴찌 등 자극적인 단어를 좋아한다. 누구든 집중할 수 있는 일이 있다면 평생 외롭지 않다. 살아 있는 한 모두가 변화의 대상이다. 저승에서 할 일이 있다면 죽어도 두렵지 않을 것이다.

사진 같은 순간을 산다.

우리는 만나고 싶은 사람, 보고 싶은 풍경, 잊고 싶은 고뇌가 있으면 여행을 떠난다. 그러나 가장 큰 이유는 심심하기 때문이다. 변화가 없는 일상은 견딜 수가 없다. 그곳에서 자연의 풍경과 즐거운 사람들의 표정과 호기심에 들뜬 마음이 어우러진 환상적인 분위기를 꿈꾼다. 그리고 그 한 순간의 추억을 사진에 담는다.

사진을 찍는 것은 시간을 멈추는 작업이다. 추억의 사진은 인생의 한 단면이다. 평면 위에 시간을 얇게 잘라 바른 순간이다. 정지한 사진은 상상을 불러온다. 사진이 아름다운 것은 무한 상상 때문이다. 상상이 겹치면 시간이 흐른다.

인생을 둘둘 말아 김밥처럼 얇게 썰어 놓은 그 사진 같은 순간 속에는 과거로 향하는 문이 있다. 기억하고 싶은, 영원히 멈추고 싶은 순간을 찾아간다. 삶의 향기가 듬뿍 넘치는 사진 한 장 간직하고 싶은 욕심이기도 하다. 그 순간은 인생의 목표라고 믿었던 성공의 순간일 것이다. 기억의 순간에 멈추어 사는 것이 영원히 사는 것인지도 모른다.

변화를 맛보기 위해 우리는 하루를 자르며 산다. 계획을 세우는 것은 하루를 토막 내는 일이다. 토막을 내는 일은 자신이 원하는 대로 정한다. 인생도 나누다 보면 토막이 되고 느끼다 보면 순간이 된다. 그 토막은 조금 길고 짧은 차이일 뿐이다.

태어나는 건 순간이지만 사는 건 평생이다. 그러나 가장 강렬하게 기억하고 기리는 것은 생일이다. 짧은 순간이라고 무의미하지 않다. 한순간의 감동도 평생 가지 않던가. 기쁨과 공포는 한 순간이다. 강렬한 자극이 주는 감동이자 충격이다. 그 찰나가 주는 변화의 자극은 강한 인상을 남긴다. 사탕은 맨 처음 입에 넣을 때가 가장 달다. 첫사랑은 시간을 멈추는 사진처럼 느끼고 기억하면 영원하다.

바쁜 일 년은 시간으로 가득 찬다. 꽃향기 넘치는 봄날의 환상이나, 정열이 넘치는 여름밤 열기나, 단풍 색에 눈이 시린 가을날 하늘빛이나, 슬픔을 하얗게 덮은 어느 겨울날의 감동은 지워지지 않는 시간을 담고 있다. 아름다운 순간에 머물면 삶은 영원하다.

보람 있는 하루가 무의미한 백년 보다 낫고, 행복한 하루가 불행한 백년 보다 낫다. 인생은 길고 짧음이 아니다. 성공하는 한 순간만을 위해 인생을 낭비할 것이 아니다. 순간을 소중히 할 줄 알아야 한다. 어느 순간이 되면 계산도 나이도 숫자에 불과할 뿐 화해할 시간도, 용서할 시간도, 함께할 시간도 충분하지 않다.

현실은 터널이다.

불꽃같던 욕망을 눈발처럼 허공에 날린 적이 있는가? 뼈다귀 같은 시린 고드름 줄기를 눈물로 깨문 적이 있는가. 길이 아닌 길을 가다가 가시 같은 소나기 줄기를 맞은 적이 있는가? 빛바랜 양심의 겉옷을 벗어 절망의 눈물을 짜본 적이 있는가.

누구나 태어난 이유는 다르나 사는 목적은 같다. 원하든 원하지 않던 어느 판이든 끼어들어 죽을 때까지 사는 것이다. 결과는 운명에 달렸다. 한 순간에 승패가 결정되고 생사가 갈린다.

고달픈 삶을 살다 보면 거짓말을 하지 않고 살 수 있을까? 욕하지 않고 살 수 있을까? 화를 내지 않고 살 수 있을까? 운명의 어깃장을 당하다 보면 진실도 인정하기 싫은 때가 있다. 정의도 수용할 수 없는 상황이 있다. 세상을 원망하고 태어난 것을 한탄하기도 한다.

고달픈 곳에 간절함이 있다. 현실의 늪에서 빠져 나가야 할 급박한 심정으로 출구의 밝은 빛만 보인다. 어두운 터널 안에서 주변을 돌아볼 여유는 없다. 미래는 어느덧 현실이 되어 순식간에 지나가 버린다. 각박할수록 현실은 냉정하다. 태어난 이유보다 살아갈 방법이 더 절실하고, 물건을 구해도 만든 원리보다 사용법이 더 시급하다.

어렵게 살다보면 성공은 늘 꿈이고 실패는 현실이다. 미래만 보고 사는 이유는 다가오는 미래가 현재이기 때문이다. 그리고 현재를 살면서 미래를 걱정한다. 아침 식탁에서 점심 끼니를 걱정하며 밥맛을 잃는다. 돈을 벌어 놓고 잃어버릴까 노심초사한다. 삶은 가까스로 이어가지만 즐길 여유가 없다. 미래를 기다리다 보면 현재의 행복은 짧기만 하다.

현재를 사는 사람은 늘 현실보다 나은 삶을 원한다. 그러나 그 욕구를 만족하기 위해서는 노력이란 대가를 치러야 한다. 재물을 얻으면 늘려야 하고, 명예를 얻으면 지켜야 한다. 행복을 느끼면 더한 행복을 찾아야 하고, 사랑을 얻으면 잃지 않을 것을 걱정해야 한다.

잠시 잊고 사는 것은 미움이 아니다. 잠시 돌아 서는 것은 배신이 아니다. 잠시 이득을 찾아 떠나는 것은 비정함이 아니다. 생존이란 변화를 위해 어쩔 수 없는 선택이다. 질병과 고뇌를 통해서 삶은 업그레이드되고 진화한다.

생일잔치는 태어난 곳을 기념하지 않는다.

돈은 필요할 때 가치가 있고 약은 병에 걸렸을 때 귀중하다. 충고는 어려움에 빠졌을 때 감사하고 거짓이 난무할 때 진실은 아름답다. 욕심을 버리라는 말은 욕심이 넘쳐 탈이 났을 때 고귀하다. 모든 일은 때가 있다. 참되게 사는 것도 때를 알고 때를 기다리는 것이다.

세상은 장소보다 때를 더 중시한다. 장소는 되돌아갈 수 있지만 기회는 놓친 열차처럼 되돌릴 수가 없다. 교지졸속(巧遲不如拙速)이란 말은 일을 꼼꼼히 하여 늦기보다는 부족하더라도 빠른 쪽이 낫다는 뜻이다. 장소보다 때를 놓치지 않아야 한다는 의미이다. 기념일이나 명절날을 보면 날짜를 먼저 정한다. 생일은 태어난 날을 축하하지 장소를 기념하지 않는다.

식단은 건강을 위해 여러 가지 음식의 조합으로 짜여 진다. 골고루 음식을 섭취한다는 의미는 몸 안에서 영양분이 동시에 작용해야 한다는 뜻이다. 오늘은 채소, 내일은 고기, 모래는 밥과 국 이렇게 따로 먹지 않는 이유는 동시에 만나야 상호작용의 효과가 있기 때문이다. 골고루 섞어 조화를 이루는 것은 때를 맞추기 위해서다.

기다림은 때를 맞추는 것이다. 아름다운 것은 가장 간절할 때와의 만남이다. 서로 가치를 발견한 순간 함께 동조하며 하나가 될 때이다. 인연은 장소보다는 때의 절묘한 만남이다. 1초만 늦어도 조우할 기회를 놓칠 수 있다. 그 만남이 목적지가 같고 방향과 속도가 같으면 동반자가 되고 친구가 된다. 연인의 사랑도 서로를 향한 마음의 만남이다.

생명의 반복, 번식

생명의 연장은 변화의 반복이다.

바퀴벌레의 수명은 인간보다 극히 짧다. 그러나 바퀴벌레는 3억 년보다 훨씬 전에 지구상에 나타났다. 그에 비해 인간의 출현은 기껏 수백만 년 정도이다. 수명은 짧지만 인간보다 훨씬 길게 종족 보존을 해온 것이다. 개체 수명은 짧지만 종족 수명은 인간 보다 길다. 그 비결은 번식의 반복이다. 번식의 반복을 통해 인간보다 긴 시간을 살아온 셈이다. 이처럼 생물마다 개체 수명이 각기 다른 것은 환경에 적응하기 위한 생존 전략이기도 하다.

주기운동은 변화가 반복되는 현상이다. 우리의 생활도 지구의 주기운동을 닮았다. 하루 일상과 생체 리듬도 지구의 자전과 공전 운동에 맞추어 살아간다. 피가 도는 것, 잠을 자는 것, 세포가 재생되는 것은 모두가 반복되는 생체 변화다. 100살을 산다면 반복되는 계절의

반복은 100번이고 하루의 반복은 대략 36,500번이다. 이 변화의 반복이 생명이고 수명인 셈이다.

생명은 반복과 규칙성으로 유지된다. 건강을 지키기 위해 규칙적인 생활을 한다. 반복하여 만나야 친구 관계도 연장되고, 일도 주기적으로 이어져야 생활이 유지된다. 반복을 거듭할수록 시간은 길어지고 생명은 연장된다. 세포가 분열하고, 심장이 뛰고, 숨을 쉬고, 음식을 넘기는 일을 반복하는 것이 생명을 유지하는 방식이다.

냉동인간은 신체의 반복 현상을 정지시킨 것이다. 생장도 부패도 감각도 없으니 내부의 시간은 멈출 수밖에 없다. 우주 미아가 된다면 오감이 감지되지 않으니 시간 역시 인식되지 않는다. 게다가 상상 조차 하지 않는다면 시간은 정지한다. 그러나 다른 외부 사람이 보면 냉동인간이나 우주 미아는 상대적으로 나이를 먹는다.

수명은 상대적이다.

사람이 자연사할 확률은 30%에 불과하다고 한다. 70%가 사고사인 셈이다. 수명에 영향을 주는 요인은 무수하다. 그 중에 체감 수명도 빼놓을 수 없다. 같은 시간을 살아도 각자 느끼는 삶의 길이가 다르다. 오래 살았다고 느끼는 사람이 있는가 하면 짧은 인생을 한탄하며 더 살고 싶어 하는 사람도 있다.

같은 거리를 가는데 한 사람은 2시간, 다른 사람은 4시간이 걸린다고 하자. 두 사람은 동시에 출발하여 목적지에서 함께 점심을 먹기로 하였다. 먼저 도착한 사람은 할 일 없이 기다리다 늦게 온 사람과 만났다. 이 때 두 사람은 같은 거리를 이동했으나 걸린 시간은 같다고 할 수 없다. 먼저 도착한 사람은 지루한 만큼 짧게 느끼고, 늦게 도착한 사람은 서두른 만큼 길게 느낀다.

느끼는 시간은 변화를 얼마나 느꼈느냐에 따라 달라진다. 온갖 시련을 겪은 사람의 세월과 별일 없이 평탄한 삶을 산 사람의 체감 시간은 다르다. 경험이 많은 사람은 기억만큼 살아온 시간을 담고 있다. 그러나 한 일이 없는 사람은 살아온 경험만큼 시간이 짧다. 왜냐하면 변화가 곧 시간이기 때문이다. 많이 배우고 많이 경험한 사람은 많은 변화를 수용한다. 고통 속에서 고민한 사람은 하루가 1년 같다고 말한다. 생각이 많은 만큼 체감 시간이 늘어난 셈이다.

변화의 양은 시간이다. 변화량은 속도에 비례한다. 같은 일을 빨리 마친 사람은 늦게 마친 사람보다 시간의 여유가 있다. 즉 시간이 늘어난 것이다. 상대적으로 느린 사람의 시간이 짧게 느껴진다.

바쁠 때 시간을 느끼는 사람은 없다. 일이 끝날 때까지 일에 집중하며 오직 자기 시간만을 만들어 간다. 주변을 돌아보며 비교할 틈이 없다. 시간은 상대적이다. 내가 아무것도 하지 않을 때 비로소 시간은 인식된다. 나의 시간이 아니라 주변의 변화가 만들어 낸 상대적인 시간이다.

우리는 기다려야 하는 시간이 있다. 꽃을 보려면 꽃을 기다려야 하는 시간이 있다. 어른이 되려면 자라야하는 시간이 필요하다. 밥을 먹는데도, 숨을 쉬는데도 소요되는 필요불가결한 시간이 있다. 사는데 소요되는 모든 시간을 합산한 것이 수명이다.

개체 수명의 의미는 종족 수명을 연장하는 수단에 불과하다. 하루살이의 수명은 사람의 수명에 비해 비교할 수 없을 정도로 짧다. 그러나 하루살이는 인류보다 훨씬 전에 지구상에 출현하여 현재까지 멸종하지 않고 종족을 보존하고 있다. 우주의 수명에 비해 턱없이 짧은 인간도 우주의 탄생을 예측할 수 있다. 개체 수와 수명의 길이는 종족 보존에 유리할 수는 있으나 큰 의미는 없다. 그토록 수명연장에 집착하는 것은 욕심일 뿐이다.

예민한 감각이 수명을 늘린다.

한정된 수명을 사는 사람은 마음에 늘 두려움을 담고 있다. 특히 극한 상황에서는 극도로 예민해진 감각이 본능적으로 위험을 직감한다. 순간적으로 수많은 기억과 상상이 스쳐 지나간다. 마치 내부 시간이 길어지고 수명이 연장되는 느낌이다.

변화는 그 크기에 관계없이 감지되는 시간은 같다. 즉 1초와 1년 동안 일어난 일을 한 번에 감지하는 시간은 같다. 만약에 1년 동안의 일을 세분하여 기억하고 느낀다면 그만큼 시간은 길어진다. 시간의 길이는 변화 수에 비례하고 변화 수는 감지도에 비례하기 때문이다. 따라서 감각이 예민할수록 짧은 시간에 많은 변화를 감지할 수 있다.

문제는 감각기관이 느끼는 감지도의 한계이다. 셔터 속도를 빠르게 하면 같은 시간에 많은 사진을 찍을 수 있다. 변화를 담은 사진이 많으면 시간도 길어진다. 많이 배울수록 지식 용량이 늘어나는 것과 같다. 오감으로 백만분의 일초를 감지할 수 있다면 외부 변화는 느려진다. 내부 시간이 증가하기 때문이다. 초고속비디오의 화면을 정상속도에서 보는 느린 화면과 같다.

변화는 시간이다. 감각을 열고 감지도를 높여 변화수를 늘리는 것은 스스로 시간을 만들어 수명을 연장하는 것이다. 상상도 변화다. 생각의 양만큼 시간은 길어진다. 인생은 살아본 만큼 인지된다.

작은 웅덩이에서 물이 마를 때까지 한 세대를 나는 벌레들이 있는가 하면, 100년 동안 흙속에 잠을 자는 씨앗도 있다. 빗방울이 떨어지는 동안 그 속에서 한 세대를 살 수 있는 생물이 있다면 하루는 얼마나 길게 느껴질까?

감각이 다르니 감지도 역시 생물마다 같지 않다. 하루살이가 느끼는 하루 변화의 감지도와 인간이 느끼는 감지도는 다르다. 하루살이가 느끼는 하루는 인간의 100년일 수도 있다. 생물은 매순간 진화하고 있지만 그 차이를 감지하지 못한다.

사람이 가진 감각으로는 몇 만 년 정도 지난 차이를 겨우 인지할 수 있다. 따라서 감지도를 높이면 시간을 늘릴 수 있다. 그러나 현재

뇌의 용량과 기능으로 높은 감지도로 유입되는 정보를 감당할 수 있을지는 알 수 없다.

영원히 살고 싶은 존재감

존재는 감지되는 대상과 감지하는 주체가 있어야 한다. 생물은 형태와 행동을 통해 서로 존재를 알리고 인식한다. 생명은 살아있다는 존재감이다. 그리고 감지하고 인식되기 위해 끊임없이 변화한다. 살아있는 것들은 모두 변화를 꾀하며 수명을 연장한다. 감각이 없는 사물도 자신의 존재를 알리기 위해 변화한다.

자신의 존재를 표출하고 싶은 욕망이 명예욕이다. 누구나 많은 기록과 흔적을 남기고 싶어 한다. 업적이나 작품을 통해 존재를 알리거나, 재산을 남기는 것은 같은 이유이다.

자기 물건을 아끼는 것도 자신의 흔적이 남아 있기 때문이다. 창작물에는 일기처럼 자신의 흔적이 담겨 있다. 여행을 하고 독서를 하고 대화를 즐기는 것은 외부의 존재를 자신에게 담으려 한다. 외부의 지식은 자신을 만드는 소재이다.

활동적인 사람은 자신의 존재를 어딘가에 담아두고 싶은 욕구가 강한 사람이다. 자식을 낳아 대를 잇고 업적과 작품을 남기려는 욕심 역시 마찬가지다. 명예를 소중히 하는 이유도 자신의 이름을 후세에 남기려는 것이다. 돈을 버는 것도 자신의 존재를 지키려는 수단 중의 하나이다.

명작일수록 강한 자극과 함께 많은 상상을 일으킨다. 상상은 변화이며 시간이다. 시간을 발산하는 흔적들은 오래간다. 강한 자극일수록 기억에 남는다. 명성은 존재감을 널리 퍼뜨린 결과이다.

사람들은 존재감의 소멸과 인연의 단절을 싫어한다. 그래서 자신을 표출하기 위해 부단히 노력한다. 친구를 많이 사귀는 것도 상대에게 존재감을 담아둘 그릇을 모으는 것이다. 유전자를 담아 자식을 낳는 것과 같다. 그래서 친한 사람과 가까이 있으면 나를 보는 것과 같은 존재감을 느낀다.

자신의 약점이 퍼지는 것은 두렵다. 나쁜 기억 역시 영원히 지우고 싶다. 약점은 그들 속에 있는 나를 파괴한다. 이를 막기 위해서는 물불을 가리지 않는다. 숨기기 위해 거짓말을 하거나 위선을 가장한다. 과장하거나 미화하기도 한다. 반대를 위한 반대도 서슴지 않는다.

친구가 곁에 없을 때 외로움을 느낀다. 존재감이 없다는 불안감이다. 친구를 만나는 것도 자신을 알아주고 기억해주는 동류의식 때문이다. 존재를 인정해주는 사람이 없다는 것은 자신을 담아둘 대상이 없다는 뜻이다. 술을 마시는 것도 술보다는 나를 부르는 친구의 유혹 때문이다.

친구가 떠날 때 아쉬운 이유는 나를 마음속에 담고 있기 때문이다. 이별은 자신을 담아둔 대상이 떠나는 것이다. 친구가 떠나면 그 안에 있는 나를 잃는 셈이다. 이별은 슬픔을 불러온다. 슬픔은 자신을 잃은 상실감이다.

나이를 먹으면 활동이 줄어들어 자신의 존재감을 유지하기 어려워진다. 늙어가는 것은 능력의 상실과 함께 존재감의 상실을 의미한다. 나이를 먹는다는 것은 결국 홀로 되어 존재감이 사라지는 과정이다. 생명의 단절감이 주는 고통은 크다. 영원히 살고 싶은 고민보다 영원히 살지 못하는 절망감이다.

생존에 대한 집착은 변화의 단절 때문이고, 오래살고 싶은 이유는 기회의 연장 때문이다. 수명을 연장할수록 행복을 경험할 시간이 늘고, 실패나 불행 같은 나쁜 경험을 만회할 기회를 얻는다. 결국 장수하는 자가 승자가 되고 기회를 얻는 자가 행복한 것이다.

생명의 본질을 잇는 번식

달걀이 먼저일까, 닭이 먼저일까? 진화 과정으로 보면 당연히 닭이 먼저다. 달걀은 번식 수단이기 때문이다. 사람은 영원히 살기 위해 자신의 분신인 자식을 낳는다. 후손이 끊어지지 않는 한 자신의 DNA는 사라지지 않는다.

100년 전 메뚜기와 오늘 본 메뚜기의 차이점을 구별하지 못한다 해도 같은 메뚜기는 아니다. 상식적으로 메뚜기의 수명이 1년을 넘기지 못하기 때문이다. 이는 극히 논리적인 이유이다.

같은 메뚜기라면 어떤 조건을 충족해야 할까? 구조는 물론 세포와 유전자 등 메뚜기를 구성하는 모든 요소에 차이가 없어야 한다. 그렇다면 복제된 메뚜기는 같은 것인가? 그런데도 사람들은 동의하지 않는다. 구별하지 못할지언정 복제되었다는 사실을 알고 있기 때문이다. 단순히 두 개는 분명 하나가 아니라는 논리에서 벗어나지 못한다.

아이가 성장해서 10년 후에도 여전히 같은 존재로 인식하는 이유는 무엇인가? 성장하는 동안 골격도 커지고 어떤 기관은 세포의 수명이 다하여 교체되었는데도 같은 사람이다. 마음이 바뀌어도 여전히 같은 사람이다. 치매에 걸린 사람은 과거를 기억하지 못하지만 호적상 같은 사람이다. 씨앗이 싹이 나고 생장하여 전혀 모양이 달라도 같은 식물이다. 근본적으로 유전자가 같기 때문이다.

발원지가 같으면 강물은 같다. 흐르는 동안 많은 지류가 합치고 모양이 바뀌어도 강의 이름은 변하지 않는다. 몇 가지 차이가 있다 해도 같은 요소가 많으면 같은 존재로 인정한다. 사람은 자식으로 대를 잇고 벼는 종자로 본성을 이어간다. 그래서 종족을 이어가는 생물은 죽어도 죽지 않는다.

인류의 발생과 함께 성문제는 큰 사회 문제로 이어져 왔다. 성은 종족 번식의 방식으로 자신의 유전자를 남기는 것이다. 그래서 가족은 생존의 공간이자 금단의 경계이다. 다른 유전자가 무단 침입을 한다면 목숨을 걸고 방어한다. 누군가 성을 넘볼 때 강한 분노와 적대감이 생기는 것은 이 때문이다. 이 선이 무너졌을 때 그 존재감의 상실과 근본의 단절은 죽음과 같다.

수명은 스스로 만들어가는 것이다.

불치의 병을 가진 아기를 냉동하였다가 천년 뒤에 치료를 위해 깨웠다고 하자. 깨어나는 순간 이 아기의 수명은 천년이라 할 수 있을까? 주변 변화를 기준으로 하면 냉동인간에게도 상대적으로 천년의 시간이 흐른 셈이다. 그러나 천년은 기억이 없는 냉동인간에게는 무의미하다. 스스로 느끼고 기억하는 자기시간이 없기 때문이다.

겨울잠을 자는 곰과 깨어있는 참새의 일 년은 어느 쪽이 긴가? 겨울을 난 뒤 곰과 참새는 같은 시간이 흘렀다고 느낀다. 그 시간은 지구의 자전 속도이다. 같은 겨울을 난 곰과 참새는 같은 시간이 흐를 수밖에 없다. 그러나 곰은 변화가 없는 잠을 잤고 참새는 먹이를 찾아 부지런히 살았다. 지구가 도는 동안 같은 시간이 흘렀지만 내부의 시간은 참새가 길다.

인생은 주어진 시간을 소비하며 사는 것이 아니다. 스스로 시간을 만들어 가는 것이다. 평소 하던 일을 1시간 빨리 끝냈다면 1시간을 만들어낸 것이다. 보람 있게 나이를 먹는다는 것은 시간을 먹는 것이다. 변화 자체가 시간이기 때문이다.

정보나 지식의 전달 속도로 시간을 늘릴 수 있다. 인식이 빠르면 시간이 길어진다. 감각이 예민할수록 수용한 변화가 증가하여 내부시간은 그만큼 길어진다. 외부 변화가 느려 보이는 것은 상대적으로 자기 시간이 증가했다는 것이다.

기억이 없는 사람은 시간을 잃는 것이다. 죽음은 육체를 반납하는 것이 아니라 시간을 반납하는 것이다. 50년을 살든 100년을 살든 의미가 없다. 스스로 세월을 느낄 수 있어야 한다. 내부의 시간이 진정한 수명이다. 내공을 기른 도인이 천년을 산다는 말은 천년의 생각을 만들어 내부 시간이 길어졌다는 것이다.

인간은 역사에 매달리며 수명을 늘린다. 역사를 알면 그만큼 자기 시간은 길어진다. 지구의 45억 년의 역사를 이해하면 수명은 45억년 연장된다. 수명은 만물이 가지고 있는 최종 시간이다. 빛처럼 짧은 수명도 있고 변화하지 않아도 상대적으로 변화하는 무생물도 있다. 수명의 길이는 변화를 감지하는 능력과 기억에 비례한다.

미래는 아직 오지 않은 시간이고 과거는 이미 지나간 시간이다. 어딘가 그 흔적이 저장되어 있다. 그 시간을 찾아내면 자기 시간이 된다. 보이는 것, 느끼는 것, 기억되는 것 모두가 시간이다. 연구하고 탐사하고 학습하는 것은 시간을 찾고 늘리는 작업이다.

인생은 비어 있다. 빈 공간은 자기시간으로 채워야 한다. 생각을 하고 행동을 하며 변화를 모색해야 한다. 그 변화가 채워지면 성취감에 만족하며 보람을 느낀다. 아무 것도 하지 않으면 인생은 공허감만

남는다.

즐기는 사람은 수명이 길어진다.

시간은 보내는 것인가 만드는 것인가? 시간은 상대적인 변화다. 무료할 때는 시간이 부담이 되어 보내야 하고, 바쁠 때는 시간이 부족하여 만들어야 한다.

사회가 복잡할수록 변화는 빨라지고 외부시간은 길어진다. 이를 따라가지 못한 자기 활동은 상대적으로 시간에 쫓기게 된다. 바쁘면 자기 시간이 길어진 것도 모르고 시간이 없다고 투덜댄다. 바쁘면 할 일이 많아 신경 쓸 일이 많다. 변화는 세분되어 내부 시간은 길어지고 상대적으로 제한된 하루 24시간은 부족해진다. 변화가 빠를수록, 감각이 세분될수록 감지될 변화량이 늘어 시간이 길어지기 때문이다. 당연히 일을 많이 할수록 그만큼 시간을 버는 것이다. 상대적으로 짧아진 외부 시간은 금방 지나간다.

외롭고 무관심한 사람은 하루가 더디고 재미가 없다. 흥미가 없으니 감각이 닫힌다. 외부 변화를 차단하고 생각도 고민도 하지 않으니 내부 변화가 쌓이지 않는다. 내부 시간이 짧아지니 외부 변화가 상대적으로 길어져 하루가 느리게 간다. 하루 24시간은 할 일이 많다면 부족하다. 시간은 상대적이어서 내 시간이 많으면 하루는 짧게 느껴진다. 내가 바빴다는 것은 내 시간이 길었다는 것이다.

행복을 누리려고 하는 것은 원하는 생활을 쉽게 감지하고 수용하기 위한 것이다. 원하는 변화가 쌓이면 시간이 늘어난다. 즐기고 누린다는 것은 자기 시간이 늘어나는 것이다. 상대적으로 외부시간이 짧아져 시간 가는 줄 모르게 된다. 무릉도원에서 신선놀음에 도끼자루 썩는 줄 모르는 것도 몰입할수록 자기 시간이 늘어났기 때문이다. 그래서 즐겁고 재미있으면 오래 사는 셈이다.

자기 시간이 진정한 수명이다. 일이나 운동을 많이 한다고 자기 시간이 증가하는 것만은 아니다. 자기가 원하고 즐겨야 한다. 원하지 않는 변화, 즉 슬픔이나 두려움과 같은 나쁜 감정 등은 내부의 변화를 상쇄시키기 때문에 수명을 감소시킨다. 안에서 시간을 좀먹는 고통은 피해야 한다. 듣기 싫은 소리는 소음일 뿐이다.

변화의 연속, 시간

달력은 변화를 구분하는 표시

일 년 365일은 지구가 자전하는 횟수다. 해가 뜨고 지기를 반복하는 숫자이기도 하다. 달력에는 일정한 크기로 나눈 시간의 마디와 묶음을 과거와 현재, 그리고 미래의 날짜로 표시되어 있다.

일 년을 사계절로 나누고 대략 30일씩 한 묶음으로 12개로 나누어 묶는다. 다시 한 달을 요일별로 나누고 7일을 한주일로 묶기를 반복한다. 일주일의 반복도 싫증이 나면 절기나 명절, 기념일 등으로 특정일을 정하여 이름을 지어 차이를 느낀다. 하루도 24시간, 60분, 60초로 나누어 변화를 달리한다.

달력의 숫자는 반복되는 날의 순서일 뿐 다른 의미는 없다. 똑같이 반복되는 하루하루는 그날이 그날 같다. 그래서 변화가 없는 숫자

에 변화를 주어 구분한다. 똑같은 하루의 무료함을 피하기 위해 의미를 부여한 것이다.

지구 74억이 넘는 사람들은 태어난 날과 죽는 날에 의미를 부여해 생일과 제삿날의 차이를 축하하고 애도한다. 날은 같아도 이름과 의미를 다르게 하여 구분한다. 해마다 반복되겠지만 그래도 1년은 변화를 느끼며 지낼 수가 있다. 그마저도 무료해지면 1주년 10주년 100주년으로 의미를 부여하여 변화를 준다.

특별하지 않으면 변화가 없고 다르지 않으면 차이가 없다. 숫자에 불과하고 똑같은 하루지만 그 의미가 다른 변화를 느끼며 주변의 존재를 인식하는 것이다. 태어난 날은 숫자지만 변화는 자신의 존재다.

과거와 미래는 현실과의 차이

질문이 현재라면 말하지 않는 답은 미래다. '1+1'은 현재이고 기재하지 않는 답은 미래인 셈이다. 그러나 답을 아는 순간 현재가 되고 과거로 저장된다. 시간은 변화의 순서일 뿐 과거와 현재와 미래는 머릿속에 공존한다. 기억은 과거 속을 떠돌고 상상의 미래를 만들며 시간 이동을 한다. 마치 사이버 공간과 같이 시간의 인식에 혼돈이 올 수 있다.

60살 먹은 노인에게 그동안 먹은 시간을 내 놓으라고 한다면 어떻게 할까? 기껏 희미한 기억이나 더듬으며 살아온 경험담이나 늘어놓을 것이다.

시간은 변화의 기억을 순서대로 나열한 것이다. 과거는 기억, 현재는 감각, 미래는 상상이다. 과거와 현재, 미래를 인식할 수 있는 것은 감지도의 차이다. 감지도의 차이에 따라 순서를 나열한 것이다. 감지도가 높을수록 현재에 가깝다. 현재는 생생한 오감의 자극이다. 오감의 자극이 가장 생생한 순간이다. 시간이 지나면 자극은 조금씩 체감되어 과거로 멀어진다. 현재와의 차이가 과거이고 미래다.

육체는 감각에 의존하여 사는 오감의 아바타다. 반면에 마음은 뇌 속에 갇혀 외부 정보를 먹고 사육되는 허상이다. 오감의 감도를 그대로 지속한다면 차이가 없어 자극을 느끼지 못한다. 당연히 시간은 정지되고 미래는 오지 않는다.

미래는 과거의 감각을 자의적으로 짜 맞추어 상상하는 것이다. 그 감도가 강하면 현실로 착각을 일으킨다. 과거의 기억이나 미래의 상상이 생생하다면 현실과 차이가 없어진다.

현실과 가상의 차이는 연속성에 있다. 영화나 이야기, 상상 등은 아무 때나 끊고 현실로 돌아 올 수 있어 직접적인 피해를 주지 않는다. 그러나 현실과 이어지는 미래는 현실보다 더 두렵다. 미래는 언젠가 현실이 되기 때문이다.

미래는 현실의 시뮬레이션이다. 미래의 꿈이 현실이 되면 꿈이 현실인지 현실이 꿈이었는지 차이가 나지 않는다. 현실과 미래가 차이가 없으면 시간을 인식하지 못한다. 그래서 미래는 현실로 다가오는 것처럼 느낀다.

가상현실(VR)은 영화 속처럼 현실에 가깝게 가상의 이미지를 실현하는 기술이다. 오감을 자극하여 실제와 유사한 시공간을 표현하는 것이다. 증강현실(AR)은 현실에 3차원 가상 이미지를 겹쳐서 보여주는 기술이다. 복합현실(MR)은 현실세계와 가상세계의 정보를 결합하여 과거와 미래를 현실화하는 작업이다. 3차원가상세계를 뜻하는 메타버스(metaverse)는 가상세계와 현실세계의 경계가 허물어지는 단계다. 가상현실이 과거를 100% 재현한다면 현재와 차이가 없어 시간 인식이 불가능하다. 미래에는 시간이 사라질 지도 모른다.

정보가 가득한 컴퓨터는 가상의 세계다. 우린 이미 TV나 인터넷, 휴대폰이란 기계 속 가상의 세계에 살고 있다. 오감을 통해 세상을 감지하고, 정보 교류를 통해 이루어지는 사회생활 역시 가상의 세계인 셈이다. 곧 영혼을 해킹하는 날이 올지도 모른다. 그러면 마음이 컴퓨터 속으로 전송되기도 하고, 유체이탈로 빙의가 일어나 인간은 영원불멸의 존재가 된다.

왜 시간에 쫓기는가?

두 대의 카메라로 달리는 말을 동시에 같은 시간동안 촬영했다. 한 대는 10장을 찍고 다른 한 대는 100장을 찍었다. 같은 시간을 10개의 장면과 100개의 장면으로 나눈 것이다. 두 대의 필름을 영사기에 걸고 같은 속도로 돌리면 말의 속도는 10장 보다 100장이 10배가 느리다. 왜 그럴까?

장면 간의 차이는 시간이다. 10개보다 100개가 10배 시간이 늘어난 것이다. 장면이 늘어나면 시간이 길어진다. 필름 장면의 숫자가 시간의 길이다.

시간은 때와 때의 간격이다. 그 간격을 느끼는 시간은 간격의 크기와 무관하다. 실제 10장면보다 100장면으로 나눈 시간의 간격은 짧지만 감지하는 시간은 같다. 시간의 길이는 감지되는 간격의 수에 비례한다. 결국 나눈 장면이 많은 시간이 길어진 것이다.

늘어난 시간과 상대적으로 짧아진 시간을 맞추려면 늘어난 시간은 느릴 수밖에 없다. 같은 시간동안의 두 변화를 맞추려면 빠른 쪽은 느리게 가야한다. 느린 거북이와 보조를 맞추기 위해 빠른 토끼는 느리게 가야 한다.

세상은 시간들로 가득 차 있다. 자신의 생각과 모든 행동이 곧 시간이다. 바쁜 사람들은 늘 시간이 없다고 서두르고 다그친다. 왜 있지도 않은 시간에 쫓기는가? 사실은 바쁜 자기 시간이 넘치는 것이다. 많은 시간을 외부 시간에 맞추다 보니 일이 순서에 밀리게 된다.

목표를 높이 설정하면 그만큼 채워야 할 공간도 크다. 그 공간은 많은 변화가 필요하다. 급히 채우려할 때 마음은 조급해진다. 할 일이 겹쳐 순서를 정하기가 난감하다. 바쁜 나머지 시간이 없다고 느낀다. 조급증은 변화의 결핍증이다. 마구 채우다보면 자기 시간이 길어지고 외부시간이 상대적으로 짧아진다. 서두를수록 시간이 없다.

누구나 목적을 이루고 나서야 멈춘다. 서두르다 보면 자기 시간을 잃는다. 징검다리처럼 시간을 건너 뛴 것이다. 삶의 맛을 미처 느끼지 못하고 지나버린 날들이 아쉬울 뿐이다. 지나버린 시간을 채우기에는 이미 늦었다.

시간여행

같은 술집에서 방금 술꾼이 떠난 자리에 다른 손님이 앉아 술을 마신다. 같은 자리에 앉지만 이들은 서로는 만날 수가 없다. 시간 차 때문이다. 함께 술을 마시는 사람들도 각자 다른 생각을 한다. 태어난 시간이 다른 이들은 시간의 자리가 다른 것이다.

사람들은 타임머신 여행이 현실이 되는 세상을 보고 싶어 한다. 과거나 미래를 마음대로 들락거린다는 것은 상상만 해도 신기한 일이다. 그러나 시간은 이곳저곳을 기웃거리는 공간적 개념과 다르다. 과거와 미래를 오간다는 것은 시간을 잃어버리는 것과 같다. 기억의 순서가 흐트러지면 시간을 인식할 수가 없기 때문이다.

미래의 우주전쟁 영화를 보고 난 뒤 쥬라기 영화를 보았다. 어느 것이 더 과거인가? 순서로 보면 우주전쟁이 더 오래된 과거의 일이다. 그러나 실제는 쥬라기 시대가 더 오래된 일이다. 쥬라기 영화 기억이 현재처럼 생생하다면 쥬라기 시대로 돌아간 착각에 빠질 것이다. 이를 과거로 돌아갔다고 할 수 있고 과거를 현재를 끌었다고 할 수 있다. 과거는 현실보다 감지도가 떨어져야 그 차이로 인식할 수 있다.

과거는 흔적의 기억이고 현실은 변화의 순간이며 미래는 불확실한 상상이다. 과거와 현재, 미래가 구분되는 것은 감지도의 차이다. 감지도가 클수록 현실감이 강하다. 시간 여행은 이들 구분이 사라진다.

우리는 상상을 통해 미래를 경험한다. 상상하는 순간 미래에 가 있는 셈이다. 그러니 상상을 즐기면 미래를 즐기는 것이다. 현재와 미래를 구분하는 것은 감지도의 차이다. 미래는 현실보다 생생함이 떨어진다.

속도 역시 미래로 가는 방법 중의 하나다. 앞서가는 사람은 뒤에 오는 사람의 미래를 가고, 돌아보면 자신이 걸어온 과거를 보는 것이다. 그러나 생생함 때문에 모두 현실로 인식한다. 현실이란 누군가의 미래를 살고 혹은 누군가의 과거를 살고 있는 셈이다.

영화나 비디오를 재생하면 지나간 과거로 돌아갈 수 있다. 그것은 생생하여 현재와 차이가 없기 때문에 가능하다. 있다면 주변 환경이나 기분이 다를 뿐이다.

우주여행을 이야기해보자. 우주선이 멀어질수록 우주인이 느끼는 것은 지구의 변화가 느려지는 것이다. 현실은 빠른 속도로 변화하는데 멀리서 보면 정지해 있다. 거리도 부피도 질량도 작아진다. 1억 톤은 엄청난 무게지만 우주에서 보면 1g도 안 되는 것 같다. 히말라야 높이도 태평양의 바닷물도 알 수 없는 흔적처럼 보인다.

지구에서의 시간과 우주에서의 시간이 다른 건 변화의 속도다. 변화는 거리에 반비례한다. 변화의 숫자가 많을수록 시간은 길어진다. 우주인이 느끼는 변화에 비해 상대적으로 변화가 느껴지지 않는 지구의 시간은 짧아져 빠르게 흐른다.

나이만큼 늘어나는 자기 시간

만물의 변화는 속도가 다르다. 이 변화를 측정한 표준시간이 필요하다. 그래서 시간의 마디가 일정한 지구 자전 속도를 기준으로 정했다. 시간을 보는 것은 그 기준으로 삶의 속도를 측정하는 것이다. 시간은 변화를 인식하기 위한 기준이자 삶의 질서를 위한 도구인 셈이다.

생물은 태어나서 죽을 때까지가 수명이다. 가축이나 곡식은 기르다가 때가 되면 먹힌다. 이들 또한 먹힐 때까지가 수명이다. 목표점에 도달해야 비로소 출발점부터 걸린 시간이 계산된다. 성공하고 나서야 노력한 시간을 알게 된다. 자라지 않으면 성장 시간은 없다. 죽지 않으면 수명이란 시간은 없다.

우주의 수명에 비해 인간의 수명은 너무 짧다. 그래서 우주는 영원한 것처럼 보인다. 인간의 수명은 하루살이보다 길다. 하루살이에게 인간은 우주와 같다. 반대로 한 순간에 불과한 지구의 지각변동을 우리는 수억 년의 긴 지질시대의 인식 속에 살아간다.

하루살이의 수명은 과연 짧은가? 인간과 비교하여 상대적인 수명은 짧은 순간에 불과하다. 그러나 그 짧은 순간에도 종족을 이어가고 진화를 거듭하며 생존의 기능을 다한다. 수명이 짧다고 하루살이는 멸종하지 않는다. 생존의 목적은 수명의 길이가 아니다.

외모가 늙지 않아도 세월은 간다. 시간은 일정하게 돌아가는 지구의 변화이다. 늙었다는 생각은 그 변화를 감지한 것에 불과하다. 표준시간은 자기 수명이 아니라 하루라는 외부 시간이다. 바쁘게 살면 세월이란 표준 시간에 비해 자기 시간이 상대적으로 길어진다.

늙지 않았다는 것은 아직도 외부 변화를 받아들일 기회가 많은 것이다. 수용할 수 있는 외부 변화량이 곧 남은 시간이다. 만약에 아무것도 느낄 수 없는 식물인간이라면 시간은 멈추고 만다. 남은 시간이 없으니 살아도 수명이라 할 수 없다. 활동할 수 없으니 시간을 만들지 못하는 것이다.

나이를 먹으면 수명이 짧아진다고 말한다. 주어진 시간을 소모한다고 생각하기 때문이다. 전기를 소모하면 일로 변화한다. 일을 하면 시간이 소모된다. 소비한 시간이 일로 변한 것일까? 그렇지 않다. 일을 해서 시간이 생겨난 것이다. 늙는다는 것은 시간과는 상관없이 육체가 노쇠한 것이다.

어른이 철없는 아이들의 행동을 보면 답답하다. 똑같은 변화를 이미 겪었기 때문이다. 사는 동안 경험만큼 시간은 이어진다. 늙어간다는 것은 오히려 시간을 만들어가는 것이다. 그래서 어린 아이의 시간이 상대적으로 짧아 답답해 보인 것이다.

인생은 깨닫고 반성하며 완성한다. 많은 경험을 통해 덧칠하다 보면 어느덧 나이를 먹는다. 나이는 자기가 축적한 시간이다. 변화가 시간이다. 늙어지면 시간이 넘쳐 세월에 더 욕심내지 않는다. 우리는 변화를 먹고 시간을 만든다.

자유시간이 진정한 나의 시간이다.

100년 된 바위와 1년 된 대나무가 있다. 둘 중 어느 쪽이 시간이 많이 흘렀을까? 상식적으로 바위라고 말할 것이다. 그러나 대나무의 생장에 비해 바위는 변화가 매우 적다. 대나무의 1년은 바위의 100년 동안의 변화보다 클 수도 있다. 변화가 시간이라면 변화가 큰 대나무의 시간이 많이 흐른 셈이다.

나의 시간이란 자유를 뜻한다. 여행을 하는 것은 가고 싶은 곳을 가고 원하는 것을 볼 수 있다. 보는 대로 생각하고 주변의 변화를 마음대로 수용한다. 자기시간을 늘리는 것이다.

여행을 즐기던 사람과 오랜 시간 감옥 생활을 한 사람이 만나 대화를 하면 누가 길게 얘기를 하겠는가? 경험을 많이 한 사람의 내부시간이 길다.

기쁨은 변화가 증가하는 느낌이다. 반면에 기분이 나쁘면 원하지 않는 경험을 하는 것이다. 부정적인 변화가 유입되어 내 안의 긍정적인 변화를 상쇄시킨다. 내부의 변화가 줄어든다. 스트레스가 쌓인다.

고통은 내부의 변화가 감소될 때 느끼는 두려움이다. 병고에 시달리면 생각이 줄고 내 시간이 단축된다.

독서를 하거나 영화를 볼 때 보낸 시간은 과연 나의 시간일까? 그것은 작가가 만든 상상의 시간을 먹는 것이다. 작품 속에 빠지면 그들이 만든 상상 속에 갇히게 된다. 나의 시간이 아닌 작가가 만든 변화의 틀 속에서 시간을 보내게 된다. 마치 직장에서 고용된 시간을 보내는 것과 같다. 그러나 상상을 수용하고 기억 속에 담는다면 나의 시간이 된다. 실제 오감으로 느끼는 변화의 시간이 곧 나의 시간이다. 휴가나 여행이 마냥 즐거운 것도 나의 시간이 주어지기 때문이다. 즐기는 시간이 진정한 나의 시간이다.

변화의 축적, 문명

규칙성은 자연의 언어다.

자연에 다가가고 싶은가? 그렇다면 먼저 자연과 소통할 수 있는 언어를 배워야 한다. 언어는 약속된 뜻을 지닌다. 자연의 언어는 변하지 않는 밤과 낮, 계절의 규칙성이다.

우리는 봄에 씨앗을 뿌리고 가을이면 열매를 거둔다. 이는 해마다 반복되는 자연과의 약속이다. 자연의 법칙을 믿는 사람과 그 약속을 지키는 자연 사이에 무언의 대화가 통하기 때문이다.

규칙성은 같은 변화가 반복되는 현상이다. 자연에 귀를 기울이면 자연의 주기적인 변화를 깨닫게 된다. 이 규칙적인 자연의 말을 알아듣고 소통할 수 있다. 사람들은 이 언어를 기억했다가 앞으로의 변화를 예측하며 대비한다.

mail
PROFIT
TEAMWORKING
search
SALE
PLAY
community
TEAM

계절의 변화를 놓고 공감할 때 서로 교감이 된다. 주기적인 반복은 언어가 되어 대화가 되고 친구가 된다. 자연에 귀 기울이고 함께 느끼면 가까이 다가갈 수 있다. 하나의 풍경을 보고 같은 생각을 하면 자연은 우리를 하나로 이어준다.

자연은 생명을 받아준다. 생물은 비어 있는 하늘을 어디든 날 수 있고, 넓은 바다를 마음껏 헤엄칠 수 있다. 낮은 땅 어디든 자리를 잡고 편히 쉴 수 있다. 자연에 거스르지 않고 다투지 않고 파괴하지 않을 때 함께할 수 있다. 공생은 자연과 속도를 같이 하는 것이다. 우리는 자연으로 돌아갈 필요가 없다. 이미 자연과 함께 살고 있는 우리는 자연을 떠난 적이 없기 때문이다.

가장 불완전한 인간

대 잎만 먹고 사는 판다곰이나 짧은 수명에도 불평 한번 없는 곤충에 비하면 인간은 참으로 탐욕스러운 동물처럼 보인다. 욕심이 많다는 것은 부족하기 때문에 채워야할 것이 많다는 뜻이다. 문명은 어찌 보면 생존에 부족한 능력을 보완하기 위해 마련한 수단이나 도구라고 할 수 있다. 본능에 의존하는 생물과는 달리 인간은 어떻게 살아야 할지 끊임없이 모색하고 고민해야 한다.

미개인일수록 생활방식이 단순하다. 감정도 복잡하지 않고 원하는 것도 많지 않다. 고뇌하지 않으니 불행도 모른다. 호기심으로 사는 삶은 복잡하다. 문화인일수록 넘보는 건 많고 욕구는 강해진다. 고상한 문화를 누리기 위해 그만큼 고심하고 노력해야 한다.

고도의 문명 속에서 스트레스에 시달리는 것도 인간이다. 육체적인 결함도 많아 병이 나면 병원에서 나을 때까지 앓거나 죽어야 한다. 가축이 아파도 인간이 치료를 한다. 정작 인간의 마음이 아픈 것이다.

도구가 없으면 인간은 어떤 동물보다 취약하다. 요즘은 흔히 '사람에게 묻지 말고 기계에게 물어라'는 말을 할 정도다. 어쩌면 발명품은 인간의 결함을 보완하는 부끄럽고 슬픈 도구들인지도 모른다. 아무리 뛰어난 문명을 자랑한들 인간도 한낱 동물일 뿐이다. 털옷을 입었다고 감기가 안 걸리던가? 권총을 가졌다고 모기가 물지 물던가?

인간은 생각보다 나약하다. 빵조각을 흔들면 그 속에 세균은 죽지 않지만 지구가 흔들리면 인간은 속절없이 죽는다. 불완전한 만큼 욕구는 강하고 방법은 집요하다. TV, 휴대폰, 자동차 등 많은 문명의 이기들이 가득하지만 불편함을 채우기에는 늘 부족하다. 그 부족함이 고통스러울 때 술이나 마약의 도움으로 아픔을 잊기도 한다.

필요하지 않으면 생각은 무의미해진다. 식물이나 하등동물은 생존 수단이 단순하여 생각할 필요가 없다. 멍게는 유영하는 유생일 때는 뇌를 가지지만 성장 후 고착되면 뇌를 먹어 없앤다. 군체로 살아가는데 뇌는 필요 없기 때문이다.

욕심이 가득한 인간은 욕구 충족을 위해 끊임없이 뇌를 진화시켜 왔다. 욕심만큼 부족하고 부족한 만큼 힘들다. 그래서 인간은 편안할

수록 불편하고 행복할수록 불행하다.

인류의 한계

복잡하게 진화하는 것은 변화를 향한 본능이다. 한 때 아가미를 버리고 육지로 걸어 나온 인간에게 바다 속은 잊어버린 고향이 되었다. 날개 없이 사는 인간에게 하늘은 쓸데없는 허공이 되었다. 그러나 인간은 바다와 하늘을 포기하지 않았다. 신들의 공간이라 여기던 우주도 넘본 지 오래다. 인간의 마음속에는 상상의 세계가 아름다운 정원처럼 꾸며지고 있다.

인간은 자연을 지배하기 위해 원리에 탐닉하고, 세상을 지배하기 위해 논리에 몰입했다. 자연 앞에서는 원칙을 바꾸려 하고, 신 앞에서는 자신을 바꾸려 한다. 때로는 어설픈 능력을 가지고 신과 승부하려는 망상에 젖기도 한다. 문명의 오만함으로 신을 흉내 내는 인간은 이제 신의 영역을 차지하려 한다.

고대 유적을 보면 현재 있는 것은 과거에도 있었다. 현재의 원리 역시 과거에도 존재했었다. 원리나 법칙은 자연의 허점을 찾아내는 일이다. 욕망을 채우기 위해 진화의 속도보다 훨씬 빠른 지능을 활용한다. 걸음보다 빠른 자동차, 새보다 빠른 비행기, 팔 힘보다 강한 기중기, 돌팔매보다 빠른 총알을 발명하였다.

타고난 능력만으로 새는 나무가 부러지는 것을 무서워하지 않고,

물고기는 물에 빠지는 것을 겁내지 않는다. 인류는 끝없는 욕망 때문에 타고난 능력의 한계를 벗어난 지 오래다.

만물은 본래 변할 수 없는 본질이 있다. 사람은 결코 변할 수 없는, 변해서는 안 되는 한계가 있다. 벗어날 수 없는 운명이 있다. 노력해서 신이 되거나 당장 새나 물고기로 변신할 수는 없다. 아무리 크고 수명이 긴 바오밥 나무도 식물의 본질을 벗어나지 못한다. 자연의 소재로서 역할과 조화를 보전해야할 의무가 있다. 호랑이가 풀을 먹으면 생태계는 당장 망가진다.

발전의 덫

인류의 혁명 과정을 보면 1차는 기계의 발명, 2차는 대량생산, 3차는 정보를 통한 저비용 생산방식이다. 기계는 농작물을 재배하고 물건을 생산하는 기구이다. 이러한 곡식과 제품들은 모두가 변화의 속도를 높이는 도구이기도 하다. 대량 생산은 변화의 창출 속도가 빨라진 것이다. 정보를 기반으로 하는 서비스 산업은 변화 그 자체를 활용하기 때문에 효율과 속도 면에서 그 변화량은 기하급수적이다.

현대는 변화를 감지하고 전달하는 매체들이 놀라울 정도로 발달하였다. 따라서 변화를 창출하는데 소요되는 비용과 시간, 에너지가 대폭 감소되었다. 빠른 정보 수집은 물론 저비용과 빠른 시간으로 효과적인 생산을 가능하게 한 것이다. 소비 행위도 중요한 발전 요인이다. 정보를 감지하는 데는 감지 속도만큼이나 매체의 전달 기능 역시 중요하다.

빠른 과학기술은 이제 인간의 생물학적 수명보다 짧다. 당대의 노하우를 후세에 전해줄 필요가 없을 정도로 빠르게 발전하고 있다. 문제는 점진적인 발전이 아니라 급진적인 것이 문제다. 신체 기능이 적응할 시간적 여유가 없이 문명의 기능이 빠르게 발전하고 있는 것이다. 노력의 효과도 보지 못하고 애써 연구한 문명의 기능이 쉽게 버려지고 묻힌다. 그 엇박자가 만드는 부작용이 신종 현대병을 부른다.

문명은 견딜만하면 점차적으로 발전해가는 것이 효율적이다. 진행 과정을 차례대로 음미하며 가야지 건너뛰면 그만큼 잃는 것이다. 19세기에서 갑자기 21세기의 문명 기술을 얻는다면 20세기를 잃는 셈이다.

게임은 즐기는 것이 목적인데 윷놀이의 수준에서 갑자기 가상증강현실의 게임을 발명한다면 그사이에 고안했던 수많은 게임의 즐거움을 버려야 한다. 애써 만든 사탕을 단맛을 즐기지도 못하고 버릴 수밖에 없다.

그렇다고 발전을 덮으면 변화의 결핍증을 앓게 된다. 변화가 생명인데 변화의 단절은 살아가는데 가장 큰 약점이다. 심하면 우울증이나 자살에 이르는 병이다. 너무 빨라도 느려도 발전의 덫이 된다.

자연은 인간의 편이 아니다.

생물은 먹히기 위해 생겨난 것이 아니라 먹기 위해 생겨난다. 풀은 초식동물을 위해 생겨난 것이 아니다. 풀을 먹기 위해 초식동물이 생겨난 것이다. 초식동물은 육식 동물보다 먼저 생겨난 셈이다. 빛이 있어 눈이 만들어진 것처럼 포식자가 나중에 출현한 것이다.

자연은 인간을 위해 존재하지도 않고 인간의 소유물도 아니다. 당연히 인간의 편도 아니다. 인간보다 먼저 생겨난 자연이 주인이다. 태어났다 금방 사라지는 것을 보면 인간은 자연의 부속물처럼 보인다. 자연의 보금자리를 인간이 찾아든 것이다.

자연은 개발의 명목으로 파괴하고 오염시키는 인간을 싫어한다. 인간이 자연이란 적을 만든 셈이다. 자연이 없으면 인간도 멸망한다. 그렇다고 공생 관계에 있는 것도 아니다. 자연에 대한 인간의 모든 행위는 일방적이다. 생존을 위해 작은 세균이 인간을 쓰러뜨리듯이 미미한 인간도 지구를 파괴할 수 있다.

자연은 만물을 위한 생명의 공간을 만들었지만 인간은 인간만을 위한 도시를 만들었다. 사람들이 도시로 모여드는 이유는 무엇인가? 빠르고 다양한 변화 때문이다. 돈과 쾌락과 권력이 넘치는 도시는 첨예한 경쟁을 유발시킨다.

경쟁의 압박감에 시달리는 도시인들은 자연을 동경하게 된다. 그러나 도시 생활의 대안이 시골이나 자연이라면 착각이다. 자연은 한 순간 편안해 보일지 모르지만 늘 생존을 위한 원초적인 경쟁이 도사리고 있다. 세균과 곤충과 짐승, 기후와 기아와 질병 등 다양한 환경 요소들이 생존을 위협한다.

인간의 천적은 시간이다. 아무리 할 일이 많아도 시간이 없으면 이루지 못한다. 시간을 끌수록 천천히 시간의 괴물에게 먹히는 운명을 타고났다.

인공지능과 미래

컴퓨터를 통해 지적 능력을 모방할 수 있도록 개발된 기능이 인공지능이다. 인터넷 검색 회사 '구글'이 개발한 인공지능시스템 '알파고'는 바둑게임에서 세계 프로 선수들을 이겼다. 이 시스템은 1000년 동안의 바둑 정보를 모방하여 높은 승률의 수를 탐색하는 컴퓨터 기법이다.

인공지능에 의존한다는 것은 로봇에게 인간의 영역을 내어주는 것이다. 인공 지능은 빠르게 진화하여 머지않아 컴퓨터가 인간을 지배할 것이라는 우려까지 낳게 한다. 어떤 학자는 미래 인류 재앙의 첫 번째로 로봇을 꼽기도 한다.

불확실한 미래는 오히려 무한한 상상을 불러온다. 인간은 변화를 먹고 산다. 불확실하기 때문에 변화가 생겨난다. 그러나 정해진 시스템으로 미래가 정확히 예측된다면 변화는 사라진다. 인공 지능의 확실성은 변화의 단절을 의미한다. 미래의 꿈을 포기하는 것과 같다.

늘 그래왔듯이 인류는 쉽게 미래를 내어주지 않는다. 간신들에 의해 망해가는 나라는 충신이 막고, 신종 질병은 백신 치료제가 살린다. 진화하는 컴퓨터는 바이러스가 제어하고, 세상을 지배하려는 자는 이기심과 오만이 생겨나 자멸을 초래할 것이다.

문명과 자연의 공생

문명은 필요에 의해서 생겨난다. 필요의 본질은 단점의 보완책이다. 누군가에 의해 언제 어디서든 생겨날 수 있는 사람의 흔적이다. 그러나 전쟁으로 문명이 파괴될 인간의 삶은 얼마나 비참하게 무너지던가. 문명은 인류의 약점인 셈이다.

인류는 무수한 실패를 버리고 몇 안 되는 성공만을 취하며 진화하였다. 시대를 거듭하며 수많은 문명과 지식을 축적하였다. 기록과 유물, 문화와 작품 속에는 수많은 인류의 상상이 저장되어 있다.

자연이 신의 상상이라면 도시는 인간의 상상이라고 할 수 있다. 문명은 변화의 결집이고 도시는 문명의 산물이다. 이제 학문의 양은 방대하여 인간의 능력이나 수명 내에 모두 익히는 것은 불가능하다.

생물은 환경에 맞추어 몸을 바꾸는데 인간은 지능을 통해 환경을 바꾸려 든다. 후손들은 앞선 문명을 모방하고 편승하면서 살아간다. 문화와 문명의 차이가 클수록 그 변차를 흡수하기 위해 사람들은 몰려든다. 각국의 문화는 기회만 되면 쉽게 전파되어 짧은 시간에 세계화를 이루었다.

욕망이 채워지지 않는 한 미래에 대한 연구는 욕망의 수요만큼 계속될 것이다. 실제 과학문명의 발달로 동화처럼 떠돌던 환상들이 가상현실 속에서 실현되고 있다. 신비로운 충격이자 놀라운 변화다.

인류는 문명을 단숨에 파괴할 능력도 가졌다. 전쟁으로 오랜 시간 축적된 문명은 순식간에 파괴된다. 또한 인간은 문명을 발전시킨다는 명분으로 자연을 이용하고 파괴해왔다. 그 문명의 효율성은 과연 얼마나 되는지는 알 수 없다. 실수나 오류 때문에 낭비된 것은 차치하고라도 생산과 소유만으로 목적만큼 활용하지 못하고 버려진 것이 얼마나 많은가?

지구는 인간만을 위해 있는 것도 아니고 인간의 소유물도 아니다. 똑같은 자연의 일부로서 공생하는 권리밖에 없다. 지구는 언젠가는 몸부림을 칠 것이다. 생태계가 요동치고 거대한 지각변동의 용트림을 감당해야한다. 머지않아 인간 위주의 문명은 원래 모습을 되찾으려는 지구의 분노에 직면할 지도 모른다. 인류의 미래는 행복이 아니라 조화와 안정에 있다. 자연과 공생하며 지구의 공멸을 막아야 한다.

변화를 요리하는, 예술

예술의 세계

예술가는 감동을 창출하는 마술사들이다. 좋은 작품이 되려면 변화에 목마른 대중을 어떻게 자극하느냐가 중요한 요인이 된다. 온갖 상상을 동원하여 감상하는 사람이 먹기 좋게 조합하여 맛을 낸다. 오감을 자극하는 다양한 소재로 입맛에 맞는 아름다움을 만들어낸다.

작품의 가치는 작가가 아닌 평론가나 대중으로부터 부여받기도 한다. 의도하는 주제와 달리 대중을 자극하는 반응이 곧 평가가 되어 새롭게 태어난다. 작품은 대중의 상상이 지속적으로 가미되고 덧칠되는 창작물이다. 고전이 현대에 와서 새로운 의미로 재평가 받는 것처럼 늘 변화하는 생명이다.

작품은 작가의 생애를 통해, 시대의 흐름을 통해 작품과 작품을 이어보면 공통된 특징이 작품을 연계한다. 이를테면 여러 작품이 공통된 주제를 시간적으로 공유한다. 일련의 작품이 통시적으로 시간적 작품이 된다.

세상을 자극하고 대중의 관심을 끄는 작가일수록 그 기행은 돋보인다. 그러나 대중의 인정과 공감을 받지 못하면 가치나 인기는 어느 순간 잔인하게 내동댕이친다.

세상 일이 그렇듯이 예술 역시 삶의 수단임을 벗어나지 못한다. 생존이 작가의 의도인데 작품이 제3자인 대중들에 의해 입맛대로 재구성되는 지도 모른다. 각자의 상상대로 의미가 부여되고 가치가 매겨진다. 어찌 보면 작가와 대중의 거래처럼 보인다. 결국 매매가 생계를 보장하고 작가의 생명을 연장하는 셈이다.

대중은 복잡함을 싫어한다. 작품은 깊고 복잡한 것을 단순하고 보기 좋게 요리해야 한다. 복잡한 원리를 이용하여 쉽고 편리하게 제작되는 발명품과 같다. 어려운 원리를 쉽게 표현하면 대중화되어 돈이 된다. 이것이 성공 비결이다. 시대가 수용하고 인정하는 시가 인기를 얻지 않던가.

재능이라는 것이 우유 속에 설탕을 가미하기도 하지만 작은 먼지처럼 모르게 묻혀갈 수도 있다. 때로는 세균처럼 세상을 변질시킬 수도 있다. 사람들은 살기 위해 길을 찾지만 평생 찾지 못하는 사람, 가던 길도 잃고 사라진 사람이 얼마나 많은가? 원하는 것을 얻는 사람도 있지만 실패하고 포기한 채 생을 마감하는 사람도 부지기수다. 꿈은

Idea

이루고 나면 사라진다. 그러나 꿈이 없으면 살 수 없다. 그래서 사람들은 꿈을 이루는 것보다 꿈을 이루기 위해 산다고 말한다.

기술이 경지에 오르면 예술이 된다.

세상에는 아름다운 것과 추한 것이 뒤섞여 있다. 추함은 아름다움을 상쇄시킨다. 예술가들은 아름다움을 찾는 눈과 귀가 특별하다. 예리한 감각으로 아름다움을 모으는 작업이 남다르다. 대중의 관심을 끄는 별난 자극과 강한 자극, 편한 자극을 선별할 줄 안다. 이들 소재를 따로 모아 짜 맞추어 작품을 만든다.

사진이나 그림은 아름다운 것만 찾아 찍고 그린다. 보기 싫은 것이나 듣기 싫은 것은 지워버린다. 지우거나 자르고 나면 그곳에 아름다움이 있다. 작가는 추한 것은 버리고 아름다운 것만 모으는 사람이다. 작품 안에서 소재들끼리 서로 조화롭게 아름다움을 증폭시킨다. 이들은 자극적이고 감동적인 예술이 된다.

예술의 자유는 무한한 상상과 다양성의 추구이다. 현실을 뛰어넘는 창의적인 상상으로 구성된다. 작품은 마음속 빈 곳을 채우는 조화로운 그릇이다. 질서와 자유 사이를 방황하다가 절묘한 타협의 조화를 이루어 안정감과 넘치는 감동을 선물한다.

예술은 주로 죽음, 돈, 전쟁, 사랑처럼 변차가 크고 자극적인 사건을 소재로 한다. 작품 속의 변화에 열광하는 이유는 기상천외한 상상이 주는 강한 자극 때문이다. 현실에서 맛볼 수 없는 예술은 신비로운 창조다. 오감을 절묘한 그림으로, 감미로운 음악으로, 환상적인 의복으로 변화를 덧칠한다. 예술은 잘 차려진 진수성찬과 같다.

요령이 경지에 이르면 기술이 되고, 기술이 경지에 오르면 예술이 된다. 변화를 표출하는 최고의 기술이다. 글로, 그림으로, 음악으로, 율동으로 감당하기 어려운 독특한 변화를 토해내고 전달하는 아름다운 변화의 표현이다.

시와 시인과의 차이

시인들의 모습은 시의 명성과 일치하지 않는 경우가 많다. 시는 현실을 떠난 환상의 세계다. 신인일 때는 시에 고뇌하기보다 시인에 집착할 때가 있다. 그러나 세속에 찌든 시인의 표정 속에서 시와 같은 얼굴을 기대하는 건 무리다. 진흙탕에서 꽃 피우는 연꽃을 보고 진흙탕을 흠모하진 않는다. 연꽃은 화려하지만 그 뿌리는 어두운 진흙탕 속을 헤맨다. 부귀영화는 행복하지만 그 과정은 추악하고 세속적이다. 예술은 아름답지만 예술인의 행로는 고달프다.

보석공은 보석을 닮지 않는다. 폭포는 떨어질 때 아름답다. 그러나 떨어지는 물은 충격에 고통스럽다. 곤두박질칠 때 주는 그 자극이 감동을 줄 뿐이다. 시인은 폭포와 같은 세속의 고뇌를 맞고 산다. 아름다운 꽃도 정작 씨를 맺기 위해 생존의 아픔을 감내해야 한다.

시인과 시가 같지 않다는 괴리감이 흥미롭다. 시인에게서 진흙탕 냄새가 나면 시는 더욱 진실해진다. 밤이 되어야 별빛을 볼 수 있듯이 고난 속에서 피어나는 향기에 더 매료된다. 그래서 시인은 사라지지만 시는 남는다.

시는 가장 의미 있는 삶을 운율에 담아 짧고 쉽게 압축한 글이다. 짧은 구절이나 단어 하나로 감동을 불러올 수 있어야 한다. 현실과의 차이가 주는 감동은 아름답고 눈물겹다. 거짓말도 감동을 주면 동화가 된다.

시는 침묵으로 감동을 선사한다. 비수 같은 짧은 시어로 가슴에 충격을 가한다. 가슴속에는 경험으로 축적된 지식이 가득하다. 그래서 시는 설명하려 하지 않는다. 느끼는 것이다. 시는 읽는 사람의 것이고 느끼는 사람의 것이다. 그리고 그 마음속에서 다시 태어난다.

감상이란 또 다른 창작이다.

우리는 감상을 통해 작가의 내면을 들여다볼 수 있다. 작품을 보는 순간 새로운 세계를 만난다. 시를 읽으면 시인의 마음이 되고, 그림을 보면 화가의 붓이 되고, 사진을 보면 작가의 눈이 된다. 아름다운 작품은 끊임없는 상상을 쏟아낸다. 아름다운 언어와 색과 리듬이 담겨 있어 공감하는 사람을 감동시킨다. 작품에는 아름다운 상상이 가득하다. 사람들은 그 농축된 변화의 양에 놀란다.

시간이 멈춘 사진이나 그림이 아름다운 것은 그 안에 무한한 상상을 담고 있기 때문이다. 작품 앞에 서면 누구나 나름의 의미를 부여하는 본능이 있다. 작품 위에 또 다른 상상을 덧칠하는 것이다. 우리는 변화를 만나는 순간 이미 변화하고 있다. 좋은 작품일수록 상상의 수고를 덜어줄 뿐만 아니라 더 많은 상상을 촉발한다. 감동은 작품으로 인해 연계되는 상상의 변화다.

생명은 양분을 먹지만 예술은 상상을 먹는다. 감상하는 사람은 작품과의 교감을 통해서 감동의 변화를 즐긴다. 작가와 자신의 상상이 어우러지는 또 다른 변화에 감동한다. 게다가 전설과 신화가 가미되고 사연이 첨가된다면 작품에 대한 관심은 더욱 높아진다. 감상인의 상상을 덧붙여 새로운 작품을 만드는 또 다른 창작인 셈이다.

작품과 소통하기 위해서는 감각의 문을 밀고 들어오는 변화를 수용해야 한다. 감상은 스스로 변화를 만들어 부족한 욕구를 완성한다. 이때는 작가보다 작품을 감상하는 구경꾼이 더 즐겁다. 의미를 부여할수록 가치는 높아지고 작품은 진가를 발휘한다. 작품 속에 초대 받는 느낌만으로 고귀해진다.

기행은 변화의 결핍 증세이다.

보통 사람과 예술인의 차이라면 봄날 언덕에서 나물을 캐는 것과 들꽃을 꺾는 차이일 것이다. 매사에 감각의 문을 활짝 열고 사는 것이 예술인의 기질이다. 보통사람보다 자극에 예민하고 반응이 민첩하다. 비범한 감각으로 미세한 변화도 쉽게 감지한다. 따라서 감상적이고 감정의 기복이 심하다. 편중된 집중력을 극대화한다. 변화의 흡인력이 강하고 표현이 강렬하다.

기행은 일이 뜻대로 되지 않을 때 나타나는 변화의 결핍 증세다. 원하지 않는 스트레스화의 유입으로 마음에 저장된 변화가 상쇄된 상태이다. 유입되는 변화를 차단하기 위해 역으로 반대의 행동을 한다. 고갈된 변화를 보충하기 위한 무리한 노력이 비정상적으로 비쳐진다. 기행이 때로는 천재의 행동처럼 보이기도 하는데 이는 상식과의 차이가 너무 크기 때문이다.

기행은 분야별로 특징이 있다. 철학자들은 인생의 고뇌와 방황을 즐기고, 과학자들은 자연의 법칙에 갇혀 고민하는 것을 즐긴다. 종교인들은 신에게 닿지 못한 두려움을 즐기고, 평범한 일상인들은 삶의 다툼을 즐긴다. 예술인 역시 아름다운을 찾지 못한 고통을 좋아한다. 결핍과 채움의 변화를 즐기는 것이다.

자유 분망한 예술의 세계에서 정체나 단절은 견디기 힘들다. 시상이나 이미지가 떠오르지 않을 때나 자신의 작품에 대한 반응이 보이지 않을 때는 초조해진다. 상상이 막히면 비정상적인 행동을 하게 된다. 기행은 상상의 결핍을 이기지 못해 나타나는 돌출 행동이다. 어쩌면 무료한 삶에 양념을 치는 자극적인 일탈 행위인지도 모른다.

국가와 국민의 거래, 정치

정치는 국가와 국민의 거래다.

국민은 생명과 재산을 보호받고 조세의 의무를 진다. 세금을 내는 이유도 국방과 치안 때문이다. 정치는 권력을 견제하여 힘의 균형을 맞추고, 돈의 흐름을 통제하여 부를 나누고, 국민의 살림살이를 관리하여 행복을 높인다.

국민이 스스로 생명과 재산을 보호할 수 있다면 굳이 국가라는 조직에 의탁하지 않을 것이다. 그러나 세력을 규합한 적에게 모든 것을 빼앗기는 것보다 세금으로 정부와 거래하는 것이 낫다. 국민이 국가를 의지하고 믿는 것은 현 정부보다 더 좋은 세력 집단을 아직 찾지 못했기 때문이다. 이는 선거에서 표로 선택할 것이다.

정치인을 믿지 못하면서 투표를 하는 경우는 덜 나쁜 사람에게,

손해가 덜한 자와 거래하는 것이다. 맛이 없는 음식을 먹는 것도 다른 음식은 더 맛이 없기 때문이다. 국가는 국민에게 적당한 이익만 주고 자신들이 외면당하지 않을 정도에서 타협을 한다.

국가는 하나의 정부에 의해 운영되는 공간이고, 정부는 국가를 관리하는 조직이다. 정치도 혼자 할 수 없는 조직 싸움이다. 서로 거래를 하지 않고서는 쟁취할 수 없는 정치담합이다. 매번 선거판을 벌이는 것도 후보자들 중에서 거래 조건이 나은 공약을 선택하기 위한 것이다. 국민 역시 정권을 잡을 기회를 노린다. 모두에게 주어지는 권리를 외면할 리가 있겠는가? 재미있는 게임과 같은 정치판을 깰 이유가 없다.

왕정 시대에는 백성이 왕조를 위해 희생했지만 민주국가에서 정부는 국민을 위해 존재한다. 세계는 왕과 신하, 국가와 국민의 끝없는 대립과 타협이란 거래를 이어 왔다. 역사는 외세에 의해 살아남는 것뿐만 아니라 국민이 국가로부터, 백성이 왕권으로부터 살아남는 거래의 흔적이다. 정권을 유지하는 것 역시 국민과의 거래다.

국가는 국민이 죽지 않을 만큼 보호한다.

법은 국민을 보호하고 기본권을 보장한다. 타고날 때의 모든 조건과 환경을 그대로 인정한다. 대신 시작의 평등은 있지만 능력에 따른 결과의 평등은 없다. 가진 만큼 쓸 수 있는 권리, 능력만큼 경쟁할 수

있는 자유는 있지만 그 결과는 간섭하지 않는다. 생존의 기본권은 보장하지만 행복은 책임지지 않는 것이다. 동시에 국민은 법을 지켜야 할 의무와 책임을 부여받는다. 법은 만능이 아니기 때문에 때로는 강제성을 지닌다. 법에 의존하는 것은 생존을 위한 최선의 방책이다.

법에도 묘한 논리가 있다. 도둑질은 처벌해도 배고픔은 처벌하지 않는다. 결과는 처벌하면서도 원인은 따지지 않는다. 피해자가 없으면 기도하는 것만으로는 처벌하지 않는다. 반면에 피해자는 없어도 법을 지키지 않았다는 이유만으로 벌을 받는다.

법의 평등은 만인이 모두 똑 같았을 때 적용되어야 한다. 그러나 각자 성격이 다르고 원하는 바가 다른데 법조항만으로 공정하게 문제를 해결하기란 쉽지 않다.

법을 지키는 것은 국가와 국민의 약속이다. 국민을 보호하는 것은 세금을 부과하기 위해 공생이란 명분으로 관리하는 것이다. 국민을 위한 정책이래야 기껏 국민이 견딜 만큼 숨통을 트여 주는 정도다. 가끔 쥐였다가 놓아주고, 상처가 곪기를 기다렸다가 고름을 빼주는 방식이다. 누군가 악역을 맡기를 기다렸다가 조삼모사로 달래거나 원상복구로 국민의 지지를 요구한다. 국가는 국민을 죽지 않을 만큼 보호하고 망하지 않을 만큼만 보장한다.

농부가 작물을 위해 거름을 주는 것은 수확량을 높이는 수단이다. 가축을 보살피는 것은 고기를 얻을 목적이다. 작물과 가축도 생존의 계산을 한다. 주인이 원하는 대로 자라 자라주어야 그나마 오래 목숨을 부지한다.

국민은 법을 허용하는 대신 그 힘의 덫에 걸려들기도 한다. 국가는 권력을 가진 자가 관리하고 국민의 세금으로 지킨다. 그래서 법은 강한 자가 위반할 수 있고, 법망을 아는 자가 이용하고, 유리한 자가 법을 지킨다. 준법은 수단이지 목적이 아니다.

투표의 유혹

투표하는 사람은 영웅이 되고 싶은 것이 아니다. 영웅을 만나고 싶을 뿐이다. 믿음을 선사하는 영웅은 세상에서 가장 강하고 멋진 사람이다.

선거는 국민에게 선택권을 주는 것 같지만 실은 선택을 강요하는 것이다. 지지하지 않는 후보자들 중에서도 선택하게 하는 제한된 권리인 것이다. 국민의 권리라는 명분으로 투표를 독려하는 선전 문구는 협박처럼 들린다. 기권하기 싫어서 투표하는 사람도 있고 선거 분위기에 휩쓸려 표를 던지는 사람도 있다. 어쩌면 선택을 국민에게 돌림으로 실정에 대한 책임을 국민에게 전가하는 방법인지도 모른다.

후보자의 선택은 무엇을 기준으로 하느냐에 따라 다르다. 어떤 사람은 정책이나 공약을 꼼꼼히 살피기도 하지만 과거 행적이나 능력을 보거나 사사로운 이해관계를 따지기도 한다. 그러나 정작 투표 할 때는 사사로운 감정에 끌리곤 한다. 가까운 사람의 부탁이나 혈연, 지연,

학연 등으로 객관적인 판단이 흐려지거나 표를 구걸하는 사람에게 동정표로 기부하기도 한다.

정치인의 위선과 배신을 기억하는 유권자들은 정치인에 대해 선뜻 신뢰를 보내지 못한다. 그런데도 선거에 적극적인 것은 투표가 정권을 심판하고 정치를 변화시킬 수 있는 유일한 기회이기 때문이다. 어쩌면 도도한 정치인을 한번쯤은 무릎 꿇릴 수 있다는 자존감일 수도 있다.

후보들은 저마다 정권을 바꾸고 사람을 바꾸어야 한다고 떠든다. 온갖 공약을 내세우며 미래를 장담한다. 그러나 더 나으리란 보장은 없다. 알만한 국민은 새 정권에 기대를 접은 지 오래다. 선거는 후보와 정당과 세력과 국민의 거래일뿐이다. 강자들의 전횡에 약자들이 바라는 세상은 오지 않는다는 것쯤은 알고 있다. 다만 달라지기를 기대하면서 나라가 썩지 않게 자주 물을 갈아줄 뿐이다.

당선은 전리품이 아니다.

선거철이 되면 선동적인 여론이 세상을 시끄럽게 한다. 권세에 편승하기 위해 줄을 서고 민중의 편을 가른다. 지지의 집착은 기쁨을 나누려는 대리만족에서 비롯한다. 중요한 것은 당선자의 행태이다. 유권자들은 당선을 전리품으로 여기는지, 사적인 권력으로 남용하지 않는지, 뇌물의 대가로 권력을 나누지 않는지 감시해야 한다. 내각의 인사를 논공행상의 방식으로 구성한다면 이는 약탈자와 다를 게 없다.

당선자는 국민의 공복으로 고생할 기회를 얻었다고 기뻐하는 것은 아닐 것이다. 흔히 당선을 단순히 자신의 능력이나 행운으로 착각하기도 한다. 그런데 당선인과 그 무리들이 환호하는 작태는 영락없는 약탈자들의 모습인 것은 어쩔 도리가 없다. 더욱 우려되는 것은 공약을 망각한 초심의 변질이다. 그래서 국민의 일꾼으로서 사명의식을 가지는 경우는 드물다.

권력의 맛을 본 자들은 법을 두려워하지 않는다. 보이지도 않는 정의의 명분을 내세워 세상을 농단하기도 한다. 측근에서 당선을 돕는 자들의 편승과 농간도 간과해서는 안 된다. 호가호위하는 자들은 사제가 신을 흉내 내듯이 충성을 빌미로 권력에 편승한다. 권한을 독식할 때 독재정치가 생겨난다. 절대 권력은 절대 부패한다. 정치는 정치가 견제한다. 다당제가 국민의 지혜다.

국민이 원하는 정치인의 역량

정치인은 모두가 국민을 위한 봉사를 약속한다. 오직 국가와 국민을 위해 고심 끝에 어려운 정치를 결심했다고 말한다. 그렇게 어려운 일이라면 어찌 부당한 방법으로 정권을 탈취할 리가 있겠는가? 당선자들에게 정권은 전리품일 뿐이다. 그러나 그들만의 싸움에서 국민은 그들이 저지른 난국을 방관할 수만은 없는 일이다.

정치인을 선택하고 지지할 때 인물인가, 대세인가. 정책인가, 이념인가. 현실인가, 미래인가 따져야 한다. 무엇보다 양심과 법을 원칙으로 위기를 지혜롭게 대처할 수 있는 사람인지 확인해야 한다.

정치인들의 행태는 비슷하다. 모든 일이 국민을 위한 처사였다고 말한다. 그러나 상황에 따라 언제든지 언행을 바꾼다. 공적인 권한을 사적으로 남용하고도 나라를 위한 고충이었다고 억지를 부린다. 작은 성과를 과대평가하고 그 대가를 톡톡히 우려낸다. 큰 도둑이 작은 도둑을 잡고 정의라고 큰소리친다. 시장에서 산 생선을 자기가 잡았다고 떠벌리고 다닌다. 사익을 공익으로 포장하며 자신을 합리화하는데 참으로 교묘하다.

하수 정치인은 많지만 국민에게 축복을 내릴 고수급 정치인은 드물다. 유능한 자는 무능한 자를 곁에 두지 않고, 무능한 자는 유능한 자를 곁에 두지 못한다. 소인배는 자신을 위한 능력은 있어도 국가를 위한 능력은 없다. 공적 권한으로 사적인 이익을 챙기는 도둑이거나, 보신에만 급급한 무능한 사람들이다.

역대 큰 벼슬을 하고도 이름을 남기지 못한 사람이 얼마나 많은가. 권력과 세금을 축내고 차지하기 위해 다투는 야바위꾼들이 대부분이다. 권력의 환상에 빠져서 이름만 거론되어도 감동하며 환호하는 권력 중독자들이다.

돈과 권력, 명예 모두를 가지려는 사람은 지도자가 되어서는 안 된다. 권력 출세주의자가 아니라 한세대의 국가와 국민을 걱정하는 사람이어야 한다. 민주시대에서 만용은 독이다. 아쉬울 게 없는 자가 어찌 진정한 공복이 되겠는가? 이들은 국민을 두려워하지 않는다.

국민은 지도자의 재능보다 덕을 더 원한다. 눈물을 흘리는 사람이 아니라 눈물을 닦아주는 사람을 따른다. 부탁하는 사람이 아니라 부탁을 들어주는 사람, 국민에게 동정 받는 사람이 아니라 몸을 던져 해결하는 사람이다.

정치는 민의를 따라가고 국가는 정치를 따라간다. 그러나 정치인의 과오는 국민을 불행하게 한다. 지도자는 변명해서는 안 된다. 두 번 이상의 사죄는 무능의 소치이며 구차한 변명일 뿐이다. 똑같이 반복되는 용서 역시 선행이라 할 수 없다.

정치가 망친 난국은 국민이 살린다.

과대망상의 군주가 나라를 위태롭게 한다. 역사적으로 정치인이 사고를 치면 그 해결은 늘 국민의 몫이었다. 경위지사(傾危之士)란 말이 있다. 정치인은 궤변 같은 거짓말로 국가를 위태로운 지경에 몰아넣는 사람이다.

정치인들은 입신출세의 기회를 찾아다니는 무리들이다. 이들 역시 목적을 이루기 위해서는 수단과 방법을 가리지 않는다. 우두머리와 조직원들의 목적에 따라 무리의 성격이 바뀐다. 사회와 조직은 결국 개인의 이익에 따라 재구성된다.

그들은 작당을 하고 권력을 누리며 그들만의 잔치를 한다. 조직이 미는 후보자는 국민에게 도움이 되지 못한다. 세력과 결탁하는 자는 세금과 권력을 나누게 된다. 권력자의 옆에 서기만 해도 권력은 교활한 음모를 내민다. 편승하는 자들은 그 후광을 최대한 이용하여 이익을 취한다. 파벌과 당파가 사라지지 않는 이유다.

정당정치에서 국민을 위한 싸움은 국력을 키우지만 당리당략이나 사리사욕을 위한 투쟁은 국력을 약화시킨다. 제빛인 무지갯빛이 섞이면 투명하지만 남의 빛을 반사하는 물감색이 섞이면 검어진다. 본질이 흐린 자들이 세력을 규합하면 국민을 속이는 도둑 떼가 된다. 국민의 눈치를 보는 약삭빠른 정권 투쟁은 그나마 다행이다.

표를 의식한 정치는 자칫 포퓰리즘에 빠지기 쉽다. 국민의 뜻에 따라 정책을 결정한다는 것은 의사가 환자에게 무슨 약을 쓸지를 묻는 것과 같다. 어쩌면 거짓말의 덫에 걸리는 것보다 낫기 때문이지도 모른다. 국민의 뜻에 따른다는 명분으로 정치 과오를 국민에게 돌리려는 속셈처럼 보인다.

나라가 기우는 것은 정치인의 책임이지만 살리는 것은 국민의 몫일 때가 많다. 책임을 회피하기 위한 수단으로 흔히 이익은 사유화 하고 손해는 국유화 한다. 국민이 선택한 정치인의 잘못은 국민의 탓이다. 패키지 공약으로 정치적 손해는 모두 눈먼 세금으로 배상하면 그만이다. 대의명분에 따라 국민은 국가의 위기 때마다 충성할 수밖에 없다.

평등은 차별을 위한 것이다.

금반지는 은반지를 무시하고 은반지는 구리반지를 업신여긴다. 똑같은 반지라도 각자 존재를 구분 짓기 위해 차별을 한다. 무리의 질서를 유지하고 세력을 통제하기 위해 신분과 계급의 차별이 필요하다. 권력을 집중하기 위해 우상과 권위의 상징이 필요했다.

왕정시대만 해도 양반들은 신분이란 특권을 누리며 권력은 물론 돈도 글도 명예도 백성과 나누지 않았다. 이 모든 것들은 양반을 지탱하는 버팀목으로 삼았다. 백성들은 자기들의 부귀영화를 누리는 도구에 지나지 않았다.

민주주의 국가에서는 만인의 평등을 주장한다. 그러나 불평등이 있기 때문에 평등이 있고, 불평등하기 때문에 평등을 주장한다. 차별은 만물을 구분 짓는 하나의 방식이다. 개성이 다르고 능력이 다른데 어찌 차이를 덮겠는가?

불평등이 문제가 되는 것은 권리의 차별 때문이다. 국민이 원하는 평등은 출발의 평등이다. 타고난 신분이나 배경, 돈, 인맥, 유전자, 시기, 심지어 운까지도 인정한다. 다만 주어지는 기회와 적용하는 규정이 공평해야 한다. 기회를 살리는 것 역시 능력의 몫이다. 출발은 같되 결과는 탓하지 않는다.

어느 교수가 학생들에게 평등하게 점수를 주기 위해 시험 후 평균 점수를 똑같이 부여하겠다고 하였다. 학생들은 환영하였다. 1차 때는 B학점, 2차 때는 D학점, 3차 때는 모두 F점수가 나왔다. 누구도 공부를 하지 않았다.

이 세상 모든 사람이 능력 여하를 불문하고 같은 보수를 받는다면 누가 열심히 일을 하겠는가? 개미나 꿀벌처럼 본능대로 일하지 않고는 불가능한 일이다. 출발은 다르고 결과를 같게 하는 공산주의 이론은 실현되지 못했다.

자연의 생존 경쟁 속에서 민주 평등 따위는 인간끼리의 얘기다. 기껏 강탈한 먹이를 나누어 먹는 정도를 공정하다고 말한다. 감자를 먹고 감자를 낳지 않는다. 소를 잡아먹고 기껏 사람을 낳는다. 결코 평등할 수 없기 때문에 평등을 논한다.

평등의 목적은 공생하는 것이다. 독점하지 않고 고루 나누어 갖는 것이다. 해마다 복지 예산을 늘리고는 있지만 재물만을 나누는 것이 진정한 복지 정책은 아니다. 권력도 나누고 재산도 나누고 행복도 나누기를 바란다.

4

변화 끌기

무위와 삶의 속도

무위는 자연의 뜻이고 인위는 사람의 뜻이다.

주인행세를 하는 인간에게 자연은 화를 내지 않는다. 대재앙을 맞는다 해도 자연은 냉정하다. 어느 편도 들지 않는다. 자연의 주인이 인간이든 메뚜기이든 상관하지 않는다. 간섭하지도 않고 강요하지도 않는다. 그렇다고 자연은 적도 아니다.

무위는 욕구를 초월하여 음과 양 어느 한쪽에도 치우치지 않는다. 정의와 불의, 행복과 불행을 동시에 느끼는 담담한 마음이라 할 수 있다. 자연의 규칙성에 순응할 줄 아는 사람은 도인이다. 자연의 법칙을 거스르지 않는다는 것은 최소한의 생존 방식이다.

자연의 뜻을 무시하고 마음대로 조작하는 일을 인위라고 한다. 인위는 인간만을 위한 편의적인 행위이다. 자연을 개발하고 문명을 발전시키는 행위는 인간에게는 이로우나 자연은 파괴될 수밖에 없다. 치우치면 자연은 원래대로 되돌린다. 사람들은 이를 자연재해라고 한다.

한쪽으로 치우치면 편파적일 수밖에 없다. 누군가를 위한다는 것도 결국 인연의 끈에 묶여 편을 드는 것이다. 선만을 위한 집착도 무위에 장애가 된다. 나를 위해 고집을 부리면 상대와 충돌하게 된다. 아무리 정의롭고 선한 행위라 해도 누군가는 상처를 입는다. 행복이란 누군가의 불행에 대한 행운이고, 불행은 누군가의 행복에 대한 차별이다.

혼자만 특별해지고 싶어 하는 사람이 있다. 과거와 미래를 자유롭게 넘나들고 싶은가 하면, 투명인간이 되어 세상을 농단하고 싶고, 도깨비방망이를 가지고 온갖 부귀영화를 누리고 싶어 한다. 그런 자연적이지 못한 사람은 무위의 삶을 살 수 없다.

자연에서 태어난 인간은 본래 자연과 닮았다. 70% 수분과 염분의 농도가 그렇고, 5대양 6대주를 연상시키는 오장육부가 그렇다. 자연의 뜻에 따라 지구는 염분으로, 인간은 양심으로 부패를 막는 자정작용을 한다.

무소유

소유욕은 갖고자 하는 욕심이지만 결국 채우지 못한 갈증이자 잃

을 것에 대한 불안감이다. 불행한 것은 행복을 원하기 때문이고 행복을 잃을 것이라는 두려움이다.

가지려는 자는 늘 부족하다. 더 가질려는 것은 다 가지지 않았다는 것이다. 누구나 정상을 향한 유혹은 떨치기 어렵다. 그러나 그곳은 오래 머무를 수 없다. 정상은 누구나 차지하고 싶어 하기 때문에 스스로 내려오지 않으면 결국 쫓겨나거나 끌려 내려오게 된다.

욕심이 많은 사람은 자기 것을 먼저 챙긴다. 남이 가지는 것을 참지 못한다. 넘쳐도 놓지 못한다. 욕심은 부릴수록 커진다. 돈도, 권력도, 명예도 가질수록 무겁다. 병이 들면 건강한 사람이 못마땅하듯이 남이 잘되면 자기가 못될까 두려워한다. 비교하기 때문이다.

더 가지기 위해서는 대가를 치러야 한다. 맛있는 요리를 즐기려면 더 맛있는 요리법을 개발해야 하고, 비싼 옷으로 치장하기 위해서는 더 많은 돈이 필요하다. 그러나 목적을 포기하고 욕구를 자제한다는 것은 희생을 의미한다. 그게 어디 쉬운 일이겠는가.

도인은 최소한의 삶을 견디는 사람이다. 더 보탤 것이 없는 것이 아니라 더 뺄 것이 없는 사람이다. 견딜만하면 욕심내지 않는다. 부자보다 가난하지 않는 삶에 안주하고, 더 좋아지는 것보다 더 나빠지지 않는 것에 감사한다. 산다는 것은 잠시 빌리는 것이다. 에너지도 육체도 영혼까지도 인생의 그림자를 비추는 도구일 뿐이다.

욕심을 버린다는 것은 함께 나누는 것이다. 조금씩 나누면 모두가 가질 수 있다. 공생은 서로 빼앗고 빼앗기는 불안에서 벗어날 수 있다. 욕심을 버리는 가벼움은 속박의 끈을 풀어버리는 자유의 무게와도 같다.

현실적으로 말하는 무소유란 더 가지고 싶은 것에 대한 집착을 버리는 것인지도 모른다. 무관심하거나 기대치를 낮추는 것이다. 견딜 만하면 생존을 위한 최소한의 조건으로 만족하고, 때로는 존재하는 것만으로 감사할 줄 아는 것이다.

우리는 성공을 꿈꾸며 살아간다. 하지만 인생을 모두 소비할 때쯤이면 환상이었음을 보게 된다. 나이가 들수록 사람은 자연의 본성을 닮는다. 여느 생물과 다르지 않다는 것도 알게 된다. 죽음 앞에서 비로소 자연의 티끌이었음을 깨닫게 된다.

인생은 때가 되면 왔던 곳으로 돌아간다. 돌아갈 때는 마음을 비우는 법이다. 소유했던 것도 제자리에 돌려놓아야 한다. 제자리로 돌아갈 때 가장 순수해진다. 마음의 짐을 내려놓을 때 고뇌도 사라진다. 죽을 때 가지고 갈 것은 아무것도 없다. 무엇을 남기고 갈 것인지를 생각해야 한다.

소유하지 않는 것은 아름답다.

꽃과 새소리가 어우러진 풍경은 아름답다. 소유하지 않았기 때문이다. 집착에서 벗어난 자유로움이며 책임에서 벗어난 평안함이다. 가질수록 불순해지는 것이 사람의 욕심이다. 세상은 소유하지 않을 때 아름답다. 별이 아름다운 것도 가질 수 없음을 아는 순수함 때문이다. 가질 때의 행복은 순간이지만, 소유하지 않을 때 행복은 영원하다.

소유하지 않는 사람은 관조의 아름다움을 본다. 생각을 버리고 마음으로 느끼는 감정이다. 소유한 자는 욕심의 방해로 본질을 바로보지 못한다. 꽃집 주인은 꽃의 아름다움보다 꽃을 파는데 정신을 쏟는다. 음식점 주인은 최고의 요리보다 손님을 끄는 입맛에 고민한다.

주인은 음식 맛과 꽃의 아름다움에 취할 겨를이 없다. 경쟁 때문에 남의 메뉴에 신경이 쓰이고, 남의 꽃보다 더 아름다운 꽃을 가꾸어야 한다. 누구나 소유하기 위해 또 다른 욕구의 끈에 억매이게 된다. 사랑하는 순간 변심을 걱정한다. 재물을 갖는 순간 잃을 것을 염려한다. 아이들이 순수한 것은 어른들의 세계가 동화로 비쳐지기 때문이다.

산다는 것은 차이를 느끼고 그 차이를 채우는 일의 반복이다. 느낀다는 것은 부족하다는 것이고 원하는 것이다. 죽을 때까지 채우는 것이 삶이다. 가져갈 것도 없는데도 채우지 못하면 한이 남는다. 한은 채우지 못한 불만병이다. 한이 남으면 삶을 제대로 살지 못한 것이다.

즐길 만큼은 아니지만 견딜 만큼은 충분하다는 말은 얼마나 풍족하고 여유 있는 생각인가. 진정 행복을 알고 사는 무위의 자세는 참으로 아름답다. 가장 객관적인 눈으로 세상을 보려면 구경꾼이 되라. 탐하지 않고 나서지 않는 무소유의 모습으로 비치지 않는가. 진정한 구경꾼은 비교하되 비난하지 않는다.

인생에서 속도의 의미는 무엇인가?

삶의 속도는 얼마나 될까? 우리는 1년을 단위로 나이를 먹고 월 단위로 급료를 받는다. 하루를 나누어 시간대별로 일하고 먹고 잠을 잔다. 걸음의 보폭은 대략 50cm정도로 1시간에 4km의 빠르기로 이동한다. 비행기를 타는 사람과 걷는 사람의 생활 속도는 다르다. 생각의 속도도 다르다. 1년을 하루처럼 사는 사람과 하루를 1년처럼 사는 사람이 느끼는 시간의 길이는 다르다. 사고방식의 속도가 다르다는 뜻이다.

이동 속도에 따라 삶의 속도가 달라진다. 한 달 걸리는 생활권이 하루로 단축되고 상상도 못한 우주여행이 현실이 되었다. 이것은 자연의 속도가 아니다. 속도를 증대시켜 필요 이상 시간을 생산해내고 있는 것이다. 가장 자연스런 삶의 속도는 진화의 속도에 맞추는 것이다. 생산되는 정보를 소화할 수 있는 속도, 즉 사회 변화에 적응하는 속도여야 한다.

속도를 내고 시간을 재촉하는 것은 때를 맞추기 위한 것이다. 그 때란 목적을 이루는 순간이다. 그 때를 맞추기 위해 시간을 더하고 빼면서 시간을 조절한다. 빨라야 할 때가 있고 느려야 할 때가 있는가하면 돌아가야 할 때가 있다.

속도는 때를 맞추기 위한 수단이지 빨리 끝내기 위한 목적이 아니다. 자연의 속도가 지나치면 사고를 부른다. 바람의 속도에서 미풍과 태풍의 결과는 다르다. 물의 속도에서 냇물과 홍수는 축복과 재앙의 차이다.

수명이 일정기간 한정되어 있다면 빨리 갈 것도 없고 느리게 갈 이유도 없다. 적절하게 조화를 이루며 시간을 조절하는 것이 최선의 속도이다. 그런데도 바쁘게 사는 이유는 무엇인가? 자기 시간을 늘리려는 욕심 때문이다. 우리는 시간이 없다고 느낄 때 서둘러 시간을 늘린다. 바쁘게 활동 할수록 감지되는 변화의 수가 많아져 시간이 길어진다.

삶의 속도란 적당히 느끼며 즐기는 속도다. 세상 변화를 알맞게 소화하는 속도다. 걸음이 로켓보다 빠른들 무얼 하겠는가? 생물은 자전 속도에 맞추어 살도록 적응되었다. 우리 역시 하루라는 표준 속도에 맞추어 산다. 표준시간을 기준으로 빠르면 기다리고 늦으면 속도를 내거나 혹은 포기한다.

세월은 자연의 속도다. 순리에 따르는 것은 자연과 삶의 속도를 맞추라는 뜻이다. 중력의 크기에 맞추어 흐르는 물처럼 세월의 흐름에 몸을 실으면 편안하다. 생물은 자연의 속도에 맞추어 진화한다. 조화로운 인생은 빨리 가는 것이 아니라 길게 가는 것이다.

삶의 속도는 생존의 속도이기도 하다. 아이의 생각과 어른의 생각이 다른 것도 성장의 조화를 이루고 삶의 질서를 위한 것이다. 사람들은 살기 위해 도시를 찾고 쉬기 위해 자연을 찾는다. 숨 가쁜 도시의 생활을 접고 귀농을 택하는 것도 자연의 속도에 맞추며 삶을 조절하는 방법이다.

그토록 자유를 갈구하는 이유는

우리는 매일 시간의 방으로 들어간다. 식사 시간, 수면시간, 일하는 시간, 노는 시간 등을 정해놓고 그 시간 속에 스스로 갇힌다. 그 틀 안에서는 다른 할일이 생겨도 뒤로 미루거나 포기해야 한다. 생존의 이유는 스스로 변화하기 위한 것이다. 변화하는 데는 목적과 이유를 가진다. 태어나는 순간 가족과 사회의 일원으로 역할을 부여받는다. 목표를 정하는 순간 얽매이는 것이다.

구속은 다양성을 제한한다. 변화의 결핍이나 단절로 고통 받게 한다. 법이 보장하는 자유는 조건이 따른다. 규정된 틀 속에서 책임과 의무를 요구하는 제한적인 자유다. 소유하는 것은 속박이다. 뜰 안의 정원은 한 사람에게 갇히고, 도시의 공원은 많은 사람에게 갇힌다. 그러나 자연은 모두에게 갇히지 않는 무한의 자유다. 함께 가지면 자유로워진다.

자유는 생존의 권리를 간섭 받지 않는 것이다. 행위의 주체로서 어떤 관계도 갖지 않는 독립된 권리를 행사하는 것이다. 자유를 법으로 지킨다는 말은 어찌 보면 모순처럼 들린다. 강제성을 띠는 법으로 어떻게 억압받지 않는 자유를 지킨다는 말인가. 자유는 구속을 전제로 한다. 억압이 없으면 자유도 없다. 둘은 공존한다.

사람들은 왜 자유에 목말라 하는가? 왜 자유가 아니면 기꺼이 죽음도 마다하지 않는가? 진정한 자유는 세상을 마음껏 먹고 마시는 것이다. 목적도 기대치도 정하지 않는다. 자유를 만끽하는 사람은 자유 그 자체가 삶이다. 자유는 스스로 만든 변화를 누리며 살아간다. 때와 장소에 무관하게 변화를 창출할 수 있다. 규율이나 양심이나 인연에 얽매이지 않는다.

어쩌면 느끼지 못할 때 편안한지도 모른다. 존재를 의식하지 않는 공기나 물과 같다. 걱정은 물론 고마움도 모른 채 자유롭게 숨 쉬고 마시며 살아간다. 진정한 자유는 원초적 본능이다. 원하는 변화를 마음대로 취하고 조건 없이 만드는 권리이다.

극한 상황을 두려워 마라.

사고는 뜻하지 않는 일을 당해 피해를 보는 것이고, 실수는 자신의 의도와 다른 행위로 나쁜 결과를 맞는 것이다. 사고는 세상과의 엇박자이고 실수는 자신과의 엇박자인 셈이다. 모두 상실감이 주는 고통을 감당해야 한다.

세상에서 일어날 수 있는 모든 일은 나에게도 일어날 수 있다. 가난을 무서워하면 어디에 숨겠는가? 거지 떼가 아니면 도둑의 소굴일 것이다. 죽음을 두려워하면 강자의 노예가 된다. 죽음 앞에서 누가 선악을 가리겠는가? 생명을 볼모로 시키는 대로 하다보면 인간의 도리는 버려지고 스스로 악의 늪에 빠지게 된다.

힘들 때 우는 자는 삼류이고, 참는 자는 이류이고, 웃는 자는 일류라는 말이 있다. 웃을 때는 여유 속에 두려움을 잊는다. 자신이 없는 사람은 지도자가 될 수 없다. 진정한 지도자는 눈물을 흘리는 것이 아니라 눈물을 닦아주는 사람이다.

청빈하면 삶이 불편할지언정 초연할 수 있다. 불의에 당당하게 맞서다보면 상처는 입겠지만 부끄럽진 않다. 구겨진 종이가 멀리 나가는 법이다. 망가진 삶도 견딜 수만 있다면 내공을 쌓는 단련의 기회가 된다. 생사의 갈림길에 섰을 때와 같은 극한 상황을 겪고 나야 죽음에 초연할 수 있다.

지구의 종말을 두려워하여 미래를 포기하는 사람은 없다. 언젠가는 죽을 것이라는 운명이 두려워 서둘러 자살을 택하지도 않는다. 모기를 무서워하면 여름을 잃는다. 목이 타는데 악어가 숨어있는 물을 포기할 수는 없다. 한 순간을 위해서라도 마셔야 한다. 싸우다 악어에 먹히는 순간까지가 인생이다.

불행을 모르면 행복을 모른다. 고통은 기쁨을 맛보는 기회인 것이다. 무료함의 고통을 벗어나기 위해 때로는 고난도 필요하다. 산이 있으면 산을 넘고, 강이 있으면 강을 건너야 나아갈 수 있다. 고난이 오면 헤쳐 나가고 병마가 오면 싸워 이겨야 한다. 슬픔이 오면 견디고 죽음이 다가오면 담담이 맞이하는 수밖에 없다.

위기는 기회다. 극복의 대가는 크다. 용기 때문에 목숨을 잃고 충성과 의리 때문에 희생한 경우도 많다. 그러나 기다리다 죽느니 노력하다 죽는 것이 진정 용기 있는 모습이다. 피할 수 없는 고통이라면 차라리 즐겨라. 죽는 순간까지가 운명이고 살아 있을 때까지가 인생이다. 강한 자가 살아남는 것이 아니라 살아남는 자가 강하다.

살다보니 그리 되었다.

태어나고 싶어 스스로 세상에 나온 사람은 없다. 그러나 일단 태어나면 열심히 산다. 이렇게 사는 것은 좋아서도 아니고 간절해서도 아니다. 그저 견딜만하기 때문이다. 견딜만하면 시간이 지나 적응이 되고 익숙해진다.

노비는 주인을 위해 태어난 것이 아니라 주인이 부리기 때문에 노비가 된 것이다. 세상은 나를 위해 있는 것이 아니라 세상이 있어 내가 살아가는 것이다. 삶은 희생이 아니다. 나는 자연의 일부이지만 스스로 살아가는 것으로 존재의 의미를 부여받는다.

이 세상에 존재하는 한 그 이유가 있다. 살아 있는 것들, 다투는 것들, 미워하는 것들, 참고 견디는 것들은 저마다 까닭이 있다. 생긴 대로 살면서 죽을 때까지 기다리는 것이 삶의 이유다.

목적을 정하는 순간 우리는 고민의 틀에 갇히게 된다. 현실 적응을 위해 상황에 따라 처신하고 생각한다. 생존을 위해 유리하고 득이 되는 쪽으로 행동한다. 그러나 세상일은 계획대로 이루어지지 않는다. 가다 보면 닿게 되고, 헤엄치다보면 건너게 된다. 땀 흘려 모으다 보면 부자 되고, 이리저리 엮어지다 보면 친구가 된다. 인물이 되기 위해 노력한 것이 아니라 노력하다보니 명성을 얻는다. 제비를 불러 봄이 오는 것이 아니라 봄이 오면 제비가 날아온다.

계획을 세운다 해도 우연히 이루어진 일이 더 많다. 인연 따라 세상을 만나고 운대로 행운을 얻는다. 우연을 가장한 필연이기도 하다. 그래서 생긴 대로 살고, 만난 대로 살고, 되는 대로 살게 된다. 그런데도 결과를 놓고 보면 모든 것이 이유가 있고 원인이 있다. 알고 보면 아는 것이 이유가 된다. 우연은 그 이유를 모를 뿐이다.

자연의 조건에 적응한 생물은 자연의 뜻을 벗어나지 못한다. 스스로 성장한다는 것도 자연의 법칙에 순응한 결과이다. 생물은 태어나는 순간 중력에 갇혀 살지만 평생 그 무게를 모르고 산다. 공기 속에 묻혀 살지만 숨 쉬는 것조차 모른다. 몸을 70% 물로 채우고 살지만 물의 가치를 굳이 따지지 않는다. 자연에 순응한 결과다.

천동설을 믿던 시대에도 지구는 정상적으로 돌아가고 있었다. 전쟁이 나도 인류는 유지되고, 아무리 노력해도 행복과 불행은 공존해 왔다. 음력을 사용하든 양력을 사용하든 지구는 변함없이 자전과 공전을 계속한다. 밥을 먹다가 빵을 먹어도 팔은 여전히 2개이고, 채소를 먹다가 고기를 먹어도 사람이 개가 되는 일은 없다. 살다보면 유식도 무식도 똑같은 삶의 방식일 뿐이다.

변화를 위한 상실, 전쟁

평화를 위해 전쟁을 한다.

싸움은 경쟁에서 강자를 가리는 방법이다. 대립자들 간의 존재감을 표출하는 충돌 현상이다. 타협하지 못하고 두려움이 극에 달할 때 마지막으로 선택하는 것이 전쟁이다. 없는 자가 빼앗거나 가진 자가 지키려는 극한 행위이다. 패하면 비참하지만 승리했을 때 상대의 모든 것을 갖는다. 패자가 승자에게 안겨주는 대가다.

승리는 소유할 때이고 패배는 소유 당하는 순간이다. 소유하고 소유 당함을 인정할 때 전쟁은 끝이 난다. 이를 인정하지 않으면 전쟁은 계속된다. 상처뿐인 싸움은 승리한다 해도 그 승리는 잠깐이다. 되찾으려는 자와 지키려는 자의 전쟁은 계속된다. 반복되는 싸움에 영원한 승자는 없다.

먼 옛날 생존을 위해 살생과 약탈은 자연스럽게 행해졌다. 공생은 물자가 풍족했을 때 가능하지만 부족할 때 나누면 자칫 공멸에 몰린다. 근세까지는 권력을 소수에게 몰아주는 왕권주의로 국력을 유지하였다. 민주주의 수립 이후 경제는 다수가 나누는 체제로 전환되었다. 그러나 분배 과정에서도 전쟁은 끊이지 않았다. 충혼탑을 세우고 전쟁 영웅을 칭송하는 것을 보면 종말이 올 때까지 끝내 전쟁을 포기하지 않겠다는 뜻이다.

전쟁은 서로 힘을 상쇄시킨다. 문명을 파괴하고 정신을 무너뜨린다. 질서가 무너지는 순간 존엄과 문화는 사라진다. 수많은 전쟁을 치룬 인류는 전쟁을 막기 위해 부단히 노력해 왔다. 그러나 이유가 있는 한 전쟁은 끝날 수가 없다. 존재하는 한 변화해야하고 변화하는 한 살아있다. 살아 있는 한 지키기 위해 또 싸워야 한다.

싸우다 보면 인류는 닮아간다. 이기기 위해 서로의 장점을 연구하고 모방한다. 운동 경기나 게임도 같은 규정에 적응하다보면 같은 방향으로 발전한다. 생존을 위해 경쟁하다보면 서로의 기술과 지혜를 공유한다. 그래서 공동의 문화를 형성한다. 다툼도 교류다. 전쟁과 스포츠, 게임과 경쟁을 통해 인류는 한 방향으로 진화한다.

역사를 보면 전쟁은 한 순간의 손실일 뿐 시간이 지나면 상처는 곧 치유된다. 문명은 복구되면 학습효과를 통해 진화하는 생물처럼 오히려 발전한다. 전쟁은 생명을 해치지만 그 목적은 생명을 지키기 위한 것이다. 전쟁을 해도 멸망하지 않을 만큼만 한다. 아이러니하게도

전쟁을 통해 평화를 얻는다. 충돌은 견제와 조화를 위한 시작이다.

전쟁은 먹이 싸움이다.

어리석은 자들은 영리한자들이 얄밉다. 행복한 자들은 불행한 자들을 화나게 한다. 약한 자들은 강한 자들이 두렵다. 먼저 가는 사람들은 빨리 오라고 위세를 부린다. 그리고 권한과 영역을 선점하고 속이고 빼앗기까지 한다. 그러다 보면 가진 자들은 못가진 자들의 적이 되기도 한다.

우리는 살아남기 위해 얼마나 많은 적들과 싸우고 협상하는가? 애써 번 돈을 도둑과 사기꾼으로부터 지켜야 하고 소비하기 위해 고민하고 타협해야 한다. 따지고 보면 창조할 수 없는 인간이 할 수 있는 일이란 빼앗는 것뿐이다. 공격에 대응하지 못한 쪽은 자연 살아남지 못한다.

사회적으로 서로 이익이 되지 않으면 거래하지 않는다. 끼어들거나 나누어 먹는 것도, 유행을 쫓거나 흉내 내는 것도 편승하는 것이다. 심지어 연인들끼리도 사랑이란 구실로 상대의 마음을 빼앗지 않는가. 배고프면 공격하고 기분 나쁘면 화풀이 하는 것이 인지상정이다. 살아있는 한 생존을 위한 먹이 싸움은 멈출 수가 없다.

문명이란 어찌 보면 먹이를 차지하는 싸움의 결과인지 모른다. 에너지를 얻기 위해 자연과 싸우고 인류끼리 전쟁을 치러야 한다. 전쟁은 외부의 적하고만 하는 게 아니다. 싸움은 미운사람하고만 하는 게 아니다. 때로는 가족과 친구, 내부의 적과 다투어야 한다.

경쟁은 목적이 같을 때 일어나는 충돌이다. 목적은 하나이고 원하는 사람은 많으니 다툼이 일어난다. 경쟁은 먹이를 먼저 차지하려는 것이다. 남이 먹지 못하게 하는 것이다. 살아남기 위해서는 적도 친구도 가리지 않는다. 산다는 것은 훔치고, 빼앗고, 속이고 그리고 나누는 과정의 반복이다.

연합은 같이 잡아먹자는 약속이다. 그러나 그 공동의 목적을 이루고 나면 공동의 몫을 나누지는 못한다. 전리품의 몫을 나누기보다 혼자 차지하기 위한 명분을 찾는다. 전쟁은 함께 해도 승리는 나눌 수 없다. 불합리한 분배는 늘 다툼을 불러온다. 전쟁이 끊이지 않는 이유다. 그래서 전쟁의 동기를 해결하기보다 전쟁의 방법을 개선해 왔다.

현실에서 다툼의 본질은 돈이다. 그래서 전쟁의 속성은 약탈일 수밖에 없다. 재물과 기술과 문화까지도 빼앗는다. 전리품은 강자의 몫이고 그 권리는 오직 승자의 것이다. 승전국은 패전국의 모든 것을 빨아들여 비대해진다. 강대국은 강탈로 이루어진 집합체이다. 약소국의 모든 것을 빨아들이는 블랙홀과 같다. 권한과 두뇌와 영혼까지도 끌어들인다.

전쟁을 하려면 막대한 비용이 든다. 돈 때문에 일어나고 돈으로 결판이 난다. 돈으로 지키고 뺏는 투자의 싸움이다. 손해를 보거나 이익이 없는 전쟁은 하지 않는다. 손해 보면 이겨도 지는 것이다. 항복은 파멸과 파산을 피하기 위한 차선의 선택이다. 전쟁은 돈으로 결정짓는 먹이 싸움이다. 그래서 전쟁사는 경제사와 유사할 정도로 밀접한 관계가 있다.

세상은 정의의 편이 아니라 강자의 편이다. 가진 자들은 가진 것을 지키기 위해 결속하고 다툰다. 세상은 가진 자들의 돈과 힘과 음모로 관리된다. 인류의 문화는 왕권시대의 착취와 제국주의의 약탈과 승전국이 독차지한 점령의 문화다.

게임을 즐기는 이유

우리는 매순간 변화를 먹고 산다. 변화는 곧 생명이고 삶의 원동력이다. 그래서 변화의 결핍이나 단절은 죽음만큼 두렵다. 심심하고 무료한 생활은 영양실조를 겪는 것처럼 힘겹다. 그래서 늘 감각의 문을 활짝 열고 주변을 기웃대며 흥밋거리를 찾아다닌다.

실업률이 높은 요즘 취업난에 시달리는 젊은이들에게 탕진잼이 유행한다고 한다. '탕진하다'와 '재미'를 붙여 만들어진 신조어로 비싸지 않은 몇 천 원짜리 물건을 닥치는 대로 사면서 스트레스를 해소하는 행동을 말한다. 홧김에 택시를 타는 '홧김비용', 쓸쓸함을 달래기 위해 쓰는 '쓸쓸비용'이란 말도 있다. 변화의 결핍증 때문에 생겨난 신조어들이다.

일하기를 싫어하는 사람이 있다. 공짜를 좋아하고 일확천금의 요행수를 꿈꾼다. 그 이유는 지루한 과정보다 빠른 결과가 주는 순간의 자극을 노리기 때문이다. 시간이 긴 과정은 변차가 짧아 변화의 자극이 약하다. 느린 강물의 흐름보다 짧은 폭포의 충격에 감동한다.

사람들은 감각을 자극하는 큰 경기나 축제에 열광한다. 스포츠게임이나 전자 게임, 도박게임에 돈과 시간을 아낌없이 소비한다. 돈을 따기 위한 것이라고 하지만 이는 구실에 불과하다. 본질은 변화의 자극을 즐기는 놀이에 빠진 것이다.

게임은 자극적인 변화를 단시간에 즐길 수 있다. 쉽게 도박에 빠져드는 이유도 강한 자극의 유혹 때문이다. 도박은 작은 차이로 큰 차이의 자극을 노리는 요행수다. 핸드폰 중독 역시 게임 기능을 탑재해서 생긴 병폐 중의 하나다. 중독은 변화의 결핍증이다.

게임의 묘미는 불확실성이다. 결과가 예상되는 게임은 흥미를 유발하지 못한다. 예상하지 못할 때 느끼는 자극은 크다. 결과를 알 수 없을 때 온갖 추측과 상상으로 변화를 즐긴다. 상상만으로도 기대치를 쉽게 만족시키는 매력이 있다. 가상의 게임 규칙을 정하고 온갖 기술을 발휘하며 변화를 만들어낸다. 여러 기준을 설정하고 기록 갱신을 부추기며 흥미를 돋운다.

경쟁은 목적을 만들고 명분을 만들어 충돌을 유발한다. 상대를 적대시하고 감정을 자극하여 끊임없이 상상을 부추긴다. 전쟁은 양쪽이 모두 승리할 것이라는 확신 때문에 일어난다. 전쟁은 야욕에 미친 몇 안 되는 인간이 즐기는 가장 자극적인 게임이다. 평화 시에는 게임이 전쟁을 대신한다. 전쟁만큼이나 게임에 사활을 건다.

질병은 생존의 걸림돌

독으로 병을 치료한다.

음식은 사람을 위해 생겨난 것이 아니다. 다른 생물들이 생명을 지탱하기 위해 모아둔 에너지를 빼앗은 것이다. 그래서 음식에는 식재료들이 방어하기 위해 만든 독이 들어 있다. 우리는 면역을 만들어 그 독을 견디고 양분을 섭취한다.

음식 속에는 필요한 양분도 있지만 그 양분을 노리는 세균들도 득실댄다. 섭취할 때 몸속에 들어온 세균은 우리 세포까지 공격하고 파괴한다. 어느 정도 손실을 감내하고 퇴치하면 건강에 득이 되지만 이길 수 없을 때는 병원신세를 져야 한다.

병충해를 방제하려면 농약을 사용한다. 농약은 벌레는 물론 사람에게도 해가 된다. 병의 치료도 마찬가지다. 병균에게 독이 되는 약을 처방하지만 약도 인체에 해가 없는 것이 아니다. 병균과 몸이 함께 피해를 입는데 둘 중 오래 견디는 쪽이 이긴다.

병을 앓고 나면 면역으로 몸이 강해진다. 병균과의 싸움으로 방어 항체를 만들기 때문이다. 요즘은 1살이 되기 전에 26 종류가 넘는 예방 접종을 한다. 백신을 주입하여 항체를 만드는 작업이다.

우리는 병균과 싸우지만 함께 공생하기도 한다. 살아 있는 동안은 병은 병이 아니다. 고통을 받고 견디고 이기는 동반자의 관계이다. 질병은 인구수를 억제하지만 내성을 기르는 수단이다. 전쟁은 문명을 파괴하지만 복구되고 발전한다. 발전의 본질은 공생이다. 재난은 면역이 되어 인류는 더욱 강성해진다.

세상은 견제와 균형으로 조화를 이룬다. 선은 지나친 악을 억제하여 균형을 유지한다. 불행도 행복과의 형평을 유지하기 위해 공존한다. 균형을 잃을 때 탈이 생긴다. 재벌을 견제하면 빈부의 차를 키운다. 약한 국민일수록 독재자의 권력을 방치한다. 국가 간에도 견제력을 잃으면 결국 패자가 되어 식민지로 전락하지 않던가.

어디 한두 번 속았던가. 얼마나 다퉜던가. 세상에 적응하기 위해 반복되는 희노애락을 마다하지 않았다. 살아남기 위해 수많은 슬픔과 좌절을 겪으면서 모진 세상을 견뎌냈다. 우리는 실패와 고난을 극복하면서 강해진다.

삶의 내성을 위한 백신효과

살면서 가장 두려워하는 것 중의 하나가 질병이다. 병을 일으키는 원인은 세균이다. 그 외에도 유전자나 환경, 나이 등을 꼽는다. 눈에 보이지도 않지만 병균은 인류의 오랜 적이다.

몸은 수천 종의 세균과 공생하는 세균 백화점이다. 1kg이 넘는 세균을 담고 있지만 그 세균의 존재도 역할도 모른 채 살고 있다. 그러나 세균에 대응하며 몸은 본능적으로 면역을 키워왔다.

맞아본 사람이 싸움을 잘한다거나 잔병치레를 많이 한 사람이 건강하다는 말이 있다. 죽지 않을 만큼 시련을 가하면 내성이 생긴다. 그래서 연습할 때는 치명타를 날리지 않는다.

병도 마찬가지다. 전염병에 대해 인공적으로 면역을 얻기 위해 쓰는 항원이 백신이다. 약화시킨 세균으로 항체를 만들어내는 것이니 이 또한 약이라 할 수 있다. 일병장수 무병단명이란 말처럼 건강하기 위해 병이 있는 셈이다.

생물의 최대 생존 무기 중 하나가 면역이다. 면역은 방어를 통해 길러지는 내성이다. 전쟁을 많이 겪은 민족은 내성이 강하다. 때로는 실수와 바보짓도 백신이 된다. 반대로 질병을 극복하지 못한 형질은 도태된다. 질병을 앓는다는 것은 적응하든 도태되든 진화의 한 과정이다. 강한 자가 살아남는 것이 아니라 살아남는 자가 강해지는 것이다.

- 인생 백신 -

때로는 실패할 수가 있다 그러나 너무 힘들지 않아야 한다.

살다보면 실수할 때가 있다. 그러나 반복되지 않아야 한다.

때로는 바보가 될 수가 있다. 그러나 너무 부끄럽지 않아야 한다.

살다보면 운이 없을 때가 있다. 그러나 너무 망가지지 않아야 한다.

어쩌다 보면 오해를 받을 때가 있다. 그러나 너무 억울하지 않아야 한다.

고난의 길을 걸을 때가 있다. 그러나 너무 험난하지 않아야 한다.

미운 사람을 만날 때가 있다. 그러나 너무 증오하지 않아야 한다.

살다보면 잃을 수도 있다, 그러나 너무 많이 잃지 않아야 한다.

살다보면 이별이 있을 수 있다. 그러나 너무 슬프지 않아야 한다.

만남이 있어 이별이 있고, 가진 것이 있어 잃는 것이다. 불행은 지금보다 더 잃는 것일 뿐 작은 불행은 쉽게 복구할 수 있는 백신에 불과하다. 더 불행해지지 않는 것도 행복이다.

절망은 살아있는 저승이다.

정상에 오르면 더 오를 곳이 없다. 목적을 이루면 할 일도 사라진다. 그러나 살아 있으려면 변화를 멈출 수가 없다. 성공했다고 해서 할 일이 끝나는 것이 아니다. 끊임없이 지키고 관리해야 한다.

목적을 이룬 것은 삶의 마디에 지나지 않는다. 완성은 멈추는 것이고 끝이다. 살아 있는 한 삶의 완성은 없다. 끝은 다른 변화를 위한 시작이자 전제조건이다.

줄기와 잎은 꽃을 피운 다음 열매를 맺는다. 열매는 다시 싹이 트고 뿌리가 내린다. 열매는 멈추지 않는 새로운 시작이다. 싹을 내는 것이나 뿌리를 내리는 것은 생장의 한 과정이다. 멈추지 않는 변화의 연속이 생명이다.

생멸이 반복되는 세상은 삶과 죽음이 공존하는 곳이다. 시간의 차이일 뿐 죽음은 탄생을 전제로 잠시 변화를 멈춘 것뿐이다. 사람이 죽어도 그 흔적과 기록이 여전히 남아 삶을 지배한다. 육체가 죽어도 유산은 대물림 하고 정신은 계승되어 전통으로 살아남는다.

완벽하면 더 이상 변화할 수 없어 존재를 표출하지 못한다. 부족해야 보완하며 비워야 채운다. 할 일이 있어야 삶은 이어진다. 살아있으려면 삶의 이유를 찾아야 한다. 돈도 써야할 명분이 있을 때 가치가 있다. 계속되는 변화만이 생명을 유지하고 보존할 수 있다.

꿈을 잃은 사람은 삶의 문을 닫고 변화의 소통을 거부한다. 소통하지 않는 세상은 죽음과 같다. 의지도 욕구도 없는 사람은 변화를 꾀하지 않는다. 변화가 없는 절망은 죽어 있는 저승과 같다. 이승에 살면서 저승처럼 산다.

선과 악의 늪에서

선과 악의 결정

선악의 개념은 흔히 손익으로 따지기 쉽다. 선은 베푸는 것이고 악은 빼앗는 것이다. 다수에게 이익을 주면 선이고 소수의 이익만 챙기면 악으로 매도한다. 선은 좋은 것이고 악은 나쁜 것일 뿐이다.

세상일에 대해 옳고 그름의 판단은 기준에 따라 다르다. 때와 장소에 따라 다르고 사람에 따라 다르다. 악을 행하지 않는 것도 선이다. 그러나 악을 행하지 못한 것은 선이 될 수 없다. 도둑질을 안 하는 것과 못하는 것은 결과는 같지만 본질은 다르다.

사람들은 언제나 자신이 선의 편에 있다고 생각한다. 그러나 기회만 있다면 선악을 가리지 않는다. 도덕적 문제보다 생존이 우선하기 때문이다. 그래서 다수가 공평하면 시비가 없다. 민주주의 사회에서 의사결정을 주로 다수결로 정하는 것과 같다. 공멸을 방지하는 수단이긴 하지만 개인의 의사를 무시하는 단점은 감수해야 한다.

흔히 약한 자는 선의 이미지를 가진다. 적어도 빼앗지는 못하기 때문이다. 그러나 이는 악을 유발하는 원인이 되기도 한다. 한 쪽 세력이 약해 균형이 깨지면 악을 도발하는 빌미를 준다. 패자가 선이라고 할 수 없지 않는가. 그렇다고 악을 비난하거나 악을 물리친 것이 모두 선이라고 할 수도 없다. 악을 악이 물리쳤다면 그 악은 선이 되는가? 악을 행하기 위한 것인지 선을 위한 것인지 그 목적이 무엇이냐에 달렸다. 선행도 필요하면 돈과 거래되는 경우가 있다.

선과 악은 대립자의 관계로 서로를 구분하고 판단하는 기준이 된다. 선이 기준이면 상대는 악이고 악이 기준이면 상대는 선이다. 선을 인식하기 위해서 악을 내세워 비교한다. 악마와 만났을 때 적대시 하면 선이지만 악마와 사귄다면 그는 악마가 된다. 선은 악과 대치하는 것으로 존재를 증명한다.

모든 행위의 결정은 생존에 달렸다. 생존이 걸려야 애국애족을 찾고, 이념과 정의를 부르짖는다. 누구나 생존을 위해 사용할 무기를 동시에 품고 있다. 선과 악이다. 상황에 따라 먼저 표출되는 것으로 선인과 악인으로 갈린다. 도둑과 맞서니 배가 고프고, 도둑의 편에 서니 배가 부르다. 양심이 불편하면 남의 탓으로 돌리면 그만이다. 어찌보면 선한 사람도 악한 사람도 없다. 살려는 사람만이 있다. 살아남기 위해 선악을 가리지 않을 뿐이다.

기회가 오면 선과 악을 가리지 않는다.

악인은 정해져 있지 않다. 다만 유난히 목적에 집착이 강한 사람이 있다. 오직 유리한 쪽으로 입장을 바꾸는 극히 이기적인 사람이다. 기회를 포착하면 선악을 가리지 않는다. 체면도 눈물도 없다. 목표를 이루기 위해 과감하게 목숨을 건다. 집요할 뿐만 아니라 자기 통제에도 능하며 임기응변이 뛰어나다. 자신감이 있기 때문에 상대를 공격하여 빼앗을 궁리를 한다. 상황이 여의치 못하거나 부족하다고 느끼면 기회가 올 때까지 내색 않고 엎드려 기다린다.

악인은 다수를 상대로 혼자만의 이익을 취할 수 있는 능력이 있다. 남을 해칠 만큼 강하다. 계략이 뛰어나고 권모술수에 능하다. 먼저 온갖 술수를 써서 환심을 사고 신임을 쌓는다. 목적을 위해 아첨하고 때가 되면 배신으로 상대를 철저하게 무너뜨린다.

충성과 의리를 중히 여기는 덕인이라면 결코 흉내 낼 수 없는 술수이다. 두뇌와 악심의 합작품이어서 대부분의 사람들은 속수무책 당할 수밖에 없다. 계획적으로 기습을 준비하는 모사꾼을 어찌 막을 수가 있겠는가.

이들은 순수한 사람들의 심리와 약점을 잘 알고 있다. 악인들은 상대가 약점이 노출되었을 때를 노리고 기회가 올 때 잔인해지며 기회의 순간을 놓치지 않는 기민성을 발휘한다.

선과 악의 판단은 그 사람의 언행만으로 알 수 없다. 마음을 쉽게 노출하려 하지 않을 뿐만 아니라 드러난다 해도 실행에 옮기지 않으면 심증만으로 법적 책임을 물을 수가 없다. 죄는 본인이 가장 잘 안다. 그러나 남이 증거를 제시하기 전까지는 악은 교묘하게 생존 전략을 펼친다. 증거를 제시하면 정당방위라고 버틴다.

악인은 자신이 당할 어리석은 짓을 하지 않는다. 악은 언제나 능력이 있고 상대의 약점을 알고 있다. 이길 수 있는 자신감에 넘치기 때문에 주로 혼자나 소수가 활동한다. 비밀을 철저하게 숨겨야 성공률이 높고 실패 후에도 그 처벌을 최소화 할 수 있다.

증거가 드러난다 해도 그 때는 이미 모든 방안을 대비하거나 건드릴 수 없는 세력을 가진 뒤이다. 약한 자는 법에 의지하지만 강한 자는 능력을 이용한다. 자기 안에 있는 악마를 인정하지 않고 도리어 악인을 혐오한다. 대부분 사람들이 잘못을 인정하지 않는 것은 먼저 자신을 부정하는 것이 두렵다. 모든 행위를 생존의 문제로 인식하기 때문이다.

사회 범죄 중 40%가 우발적 범죄이고 계획적인 범죄는 10%에 불과하다고 한다. 그만큼 유전적인 요인보다 사회 환경적 요인이 크다고 볼 수 있다. 반성 없는 사회는 파멸을 맞는다. 범죄 방지를 위해서는 먼저 사회가 풍요롭고 사랑이 넘쳐야 한다. 또한 범죄를 용납하지 않는 노력과 사회적인 보호시스템이 필요하다.

선의 희생은 강하다.

악마가 천사를 죽였다 해도 조물주는 악마를 벌하지 않는다. 천사도 악마도 조물주가 만든 피조물이기 때문이다. 신이 악마를 멸하는 것은 자기 부정일 뿐만 아니라 악마가 없으면 천사도 사라지게 된다. 악과 선은 서로 대립자로 견제와 조화를 위해 대대관계를 이룬다. 악은 벌하되 멸할 수는 없다.

악은 늘 강한 것처럼 보인다. 강압적으로 피해를 주는 대상을 악이라고 규정했기 때문일 것이다. 악은 선의 희생으로 누린다.

누가 악인이 되고 싶었겠는가. 살다보면 그리 된다. 본질이 나빠서 악행을 저지른 것이 아니라 상황이 그리 만든 것이다. 생존이 걸린 극한상황 앞에서 무엇을 주저할 수 있겠는가? 죄를 지었다면 벌과 용서로 다스릴 수밖에 없다.

진정한 용서는 거래와 타협의 관계가 아니다. 용서는 구하는 쪽의 일방적인 강요도 아니다. 사과 받는 쪽이 조건 없이 죄를 덮는데 동의하는 것이다. 희생을 감내하고 베푸는 것이다. 그렇다고 악을 조건 없이 용서할 수는 없다. 용서는 진정한 반성과 사과, 적정한 보상과 재발 방지를 위한 최소한의 조건으로 이루어진다.

선은 희생은 자신의 이익을 포기하고 상대의 뜻대로 양보하는 것이다. 은혜를 갚지 못할 처지에 있는 사람에게 대가 없이 베푼다. 생사고락에 큰 의미를 갖지 않고 단지 착하게 살라고 조언한다. 운명에 순종하라고 권한다. 자기처럼 참고 견디는 것도 생존의 한 방법이라고 말한다.

착하다고 약한 것이 아니다. 선을 행하려면 강한 의지와 용기가 필요하다. 나약해 보이지만 결과는 강하다. 국가와 민족을 위한 희생은 영웅으로, 세상을 위한 죽음은 성인으로 남는다. 세상의 중심에 선이란 희생을 놓고 칭송하는 이유는 희생은 강하기 때문이다.

우리는 곁에 있는 악마를 알지 못한다.

범죄에 능한 자는 변신을 잘 한다. 보통 한 가지 일을 도모하기 위해 열 가지 계획을 세운다. 불리할 때 숨어야 할 곳을 안다. 기회는 낮게 엎드릴수록 잘 보이기 때문이다. 겉으로 천사의 탈을 쓰고 기회가 오면 악마의 본색을 드러낸다. 친구였다가 문득 적으로 돌변한다.

악마는 악행을 부인하는데 능하다. 자신을 악마라고 생각하지 않는다. 악마라고 깨닫는 순간 악마가 아니다. 그래서 죄를 짓고도 죄를 인정하기 싫은 고집이 있다. 악마로 비난 받기 싫은 것이다. 사욕만 채우고도 덕인을 자처하는 교활한 위선자이다.

악마도 자기편을 만든다. 간혹 자신도 모르게 손을 잡아 한통속이 되기도 한다. 한 번 악마와 함께 발을 담그면 빠져 나오지 못한다. 교묘하게 접근하여 한 번 잡은 손은 자를지언정 놓지 않는다. 악마는 마음먹으면 이슬비처럼 모르게 영혼까지 찾아든다. 상대가 누구든 가리지 않는다. 착한 허점은 악행을 부추긴다.

아무리 경계해도 악은 끊임없이 생겨난다. 원하지 않는데도 어딘가에서 기다렸다는 듯이 소리 없이 다가선다. 고난에 시달리다보면 악마의 유혹에 귀를 기울이게 된다. 악은 조건만 맞으면 때와 장소를 가리지 않고 독버섯처럼 피어난다. 건강을 깨우치기 위해 병이 생겨난 것처럼, 악은 선의 존재를 깨닫게 하는 것인지도 모른다.

왜 비리에 목숨을 걸어야 하는가?

국민 대다수는 녹을 먹는 정치인이나 관리들이 국가를 위해 사심없이 헌신한다고 믿는다. 정의감이 넘칠 뿐만 아니라 준법정신이 강하고 도덕과 양심이 가득한 사람들로 착각한다. 그러나 권력과 세금에 눈먼 그들에게 권력을 정당하게 사용할 것이라는 기대는 환상일 뿐이다.

살벌한 경쟁 사회에서 원칙에 따라 출세하기란 쉽지 않다. 스스로 살아남아야 하는 절박한 상황에서 법과 양심만으로 극복하는 데는 한계가 있다. 양심에 따르면 희생이 기다리고, 법에 순종하다간 제물이 되기 십상이다.

진실만을 고집하는 사람은 추악한 배신과 절망의 쓴맛에 무너지곤 한다. 처절한 경쟁사회에서 적자생존의 원칙을 망각한 결과가 얼마나 비참한지 당한 사람만이 안다. 법과 원칙이 정의로운 일에 보호막이 되지 못한다는 것도 아는 사람만 안다.

비리는 돈과 욕망이 원인이다. 가난과 싸워 이기는 사람은 많지만 돈의 유혹에 싸워 이기는 사람은 많지 않다. 비리가 끊이지 않는 이유는 안 걸리면 대박, 걸리면 쪽박이라는 도박 근성 때문이다.

온갖 비리 속에서도 사회가 발전하는 것을 보면 사회와의 거래처럼 비쳐지기도 한다. 세상은 정의라는 명분 아래 얼마나 많은 음모들이 꾸며지는가? 행복이란 유혹으로 얼마나 많은 사람들이 바른 길은 비켜 가는가.

비리는 불법으로 사익을 취할 때 생기는 공적인 폐해다. 공무 비리가 사라지지 않고 있다. 왜 그런가. 법은 공공의 이익을 위해 쳐놓은 보이지 않는 그물이다. 법의 허점을 아는 자는 법을 두려워하지 않는다. 불법을 저지르고도 법망을 교묘히 빠져나간다. 기회가 포착되었을 때 준법은 귀찮은 장애물이며 명분일 뿐이다.

행복이 권리라면 행복을 취하는 비리도 권리일 수 있을까? 생존을 위해 결코 포기할 수 없는 수단일까. 사익을 추구하는 사람은 비난만큼 행복하고, 공익을 추구하는 사람은 희생만큼 명예롭다.

죄에 대한 벌은 삶의 리모델링

죄는 권리이지만 벌은 권한이다.

사람들은 태어남과 동시에 동등한 권리가 주어진다. 사회활동에 평등하게 법을 적용받는 권리이다. 그 안에는 원죄와 함께 타고난 능력과 배경은 그대로 인정받는 조건이 포함되어 있다. 그리고 그 권리가 다른 사람의 권리를 침해할 때 벌을 감수해야 한다.

법은 처벌보다 예방이 목적이다. 칼로 살인을 했을 때 칼과 휘두른 사람, 사주한 사람 중 누구를 벌하는가? 명한 사람에게 중한 벌을 가한다. 그 이유는 재발을 예방하기 위한 것이다. 독이 나쁜 것이 아니라 독을 먹이는 사람이 더 나쁘다. 독을 먹이는 사람은 기회만 되면 또 다시 살인을 저지를 수 있다.

벌을 내리는 이유는 피해보상이나 사회질서, 안정 등 여러 가지가

있으나 범죄 예방이 가장 크다. 사적인 복수가 법률적으로 금지되는 것도 재발 방지를 위한 것이다. 산길을 가다가 갑자기 바위가 굴러 행인을 다치게 했다. 그러나 바위를 처벌하지 않는다. 의도적이지 않으니 재발의 염려가 없는 것이다.

벌은 면죄의 의미도 지닌다. 죄의 대가를 치렀다는 반성의 기회를 주어 양심의 고통을 덜어주기도 한다. 그러나 죄와 벌의 관계는 셈본처럼 단순하지 않다. 정당하게 처벌해도 반성하지 않으면 재발 방지에 실패한 것이다.

억울한 경우도 많다. 살인자를 용서를 했는데 또 다시 살인을 한다. 법적으로 죗값을 치룬 자가 똑같은 죄를 저지른다. 피해자는 누구에게 보상을 받는가? 재범을 막지 못한 관리자나 법을 만든 자, 법을 집행한 자 모두 책임지지 않는다. 인권을 존중한다지만 개인의 문제가 아닌 것이다. 사회 질서 유지와 인류 보전을 위한 다수의 문제이다.

다수를 위해 죄인은 만들어 진다.

세상은 실수가 넘쳐나고 죄는 무수하게 생겨난다. 사람들은 애초 악인이 되려고 태어나지 않았다. 그러나 살다보면 뜻하지 않은 조건이 악을 부른다. 생존을 다투는 급박한 상황은 선악을 가릴 여유마저 주지 않는다.

아이러니하게도 생명을 존중하면 할수록 생명을 희생하게 된다.

건강을 위한 섭취는 다른 생물의 희생을 전제로 한다. 죄를 방지하기 위해 만든 허술한 법이 죄인을 만든다. 똑같은 범죄다. 완전한 법은 없다. 법의 허점을 노리는 범죄가 생기기 마련이다.

법은 안전을 보장하는 것이 목적이다. 생명을 보장한다고 하지만 결국 인류의 보존을 위한 수단이다. 다수의 권리가 보장되면 결국 개인의 권리도 보장되기 때문에 틀린 이야기는 아니다. 때로는 우선순위에서 다수에게 밀려 희생을 당하기도 한다.

재판의 판결에는 유죄 같은 무죄, 무죄 같은 유죄가 비이비재하다. 담을 넘어 물건을 훔친 사람과 단지 담만 넘은 자는 경중의 차이일 뿐 모두 죄인이다. 같은 교통위반을 해도 사고가 나는 경우와 나지 않는 경우 역시 마찬가지다. 그러나 발각된 자만 처벌을 받는다. 숨기면 합법이고 들키면 불법이다. 발각되었어도 집행하지 않으면 이 또한 벌을 받지 않는다. 유죄와 무죄의 판단은 선긋기일 뿐이다. 대체로 전체 범죄자 중 10%만이 교도소를 간다고 한다.

법을 공평하게 적용하지 않는 경우가 있다. 상황에 따라 그 법이 무엇을 겨냥한 것인지에 따라 죄의 유무가 달라지기도 한다. 대체로 집단을 위해 개인이 희생되는 경우가 많다. 공적인 일 앞에 사적인 욕심은 비리로 치부된다. 다수를 위해 소수를 희생하는 것이다. 악법도 법이란 말처럼 준법을 강조하는 것은 개인의 권리보다 사회 질서를 위한 것이다. 어쩌면 인류의 생존 수단이자 비결인지도 모른다.

공정한 거래는 빚을 갚는 것이다.

일방적인 것은 오래가지 못한다. 치우치면 기울고 기울면 시비가 붙는다. 가장 공정한 삶의 방식은 받는 만큼 주는 거래다. 주는 것이 없이 어찌 받을 수 있겠는가? 부모와 자식 간에도 서로 갚아야 할 은혜가 있고, 친구 사이에도 갚아야 할 의리가 있다.

사업도 정치도 손해 보지 않고 치우치지 않는 거래여야 한다. 돈을 벌면 공정하게 환원하고 세금을 거두면 공평하게 집행해야 불평하지 않는다. 그래야 고객에게 신뢰를 받고 국민들에게 지지를 받는다.

갚아야 할 빚이 있고 찾아야 할 빚이 있다. 은혜도 원수도 빚이다. 은혜는 갚고 원한은 도로 찾아야 할 빚이다. 원한이 쌓이면 기꺼이 목숨과 바꾼다. 원수를 갚는 일도 원한을 청산하는 것이다. 마음에 상처를 입은 사람이 왜 원한을 갚는다고 이를 갈겠는가. 상처 입은 아픔을 돌려준다는 것이다. 미워한 만큼 복수는 짐을 덜어준다.

빚이 있으면 갚아야 탈이 없고 죄를 지으면 벌로 대가를 치러야 공정하다. 빚을 갚지 않으면 마음의 족쇄를 안고 가는 것과 같다. 언젠가는 내려놓아야 할 짐이다.

가난보다 견디기 힘든 것이 있다면 아마 양심의 가책일 것이다. 빚을 갚지 못할 때 느끼는 양심의 가책은 빚이 누르는 압박감과 같다. 각오하고 죄를 짓는 것은 마치 벌을 받기 위한 것처럼 보인다.

공정이란 이름의 해결법

능력을 가리는 가장 공정한 방식은 시험일 것이다. 조건이 동일하기 때문이다. 주로 때와 장소와 문제를 똑같이 적용한다. 노력의 정도나 유전자의 재능은 상관하지 않는다. 능력의 차이를 인정하는 것이다. 운이 좋은 사람에게 불평하지 않는 것도 우연은 통제할 수 없는 조건이기 때문이다.

성적은 실력만으로 결정되는 것이 아니다. 때를 만나는 것도 그 사람의 몫이다. 시험은 분명 실력 있는 자가 유리한데도 치루는 것은 필요한 사람을 뽑기 때문이다.

운동 경기의 승패는 실력만이 좌우하지 않는다. 운이나 컨디션, 의외의 상황이 영향을 미친다. 이러한 변수에 대해 누구도 이의를 제기하지 않는다. 때와 장소가 같다는 조건이 적용되기 때문이다.

바쁜 사람과 그렇지 않는 운전자에게 똑같은 법을 적용한다. 만인은 법 앞에 평등해야하기 때문이다. 열사람이 탄 배와 한 사람이 탄 배가 똑같이 침몰할 때 구출 가능한 쪽부터 선택하지 않는다. 생명은 모두 소중하기 때문이다. 개인의 사정과 상황은 감안하지 않는다.

죄지은 사람이 모두 처벌받지는 않는다. 이 세상의 죄를 모두 적발할 수도 없을 뿐만 아니라 죄의 유무를 판단하는 것이 애매하기 때문이다. 이럴 경우 가해자와 피해자 모두 만족할 수는 없으나 타협점을 찾아 해결한다. 목숨을 잃는 경우나 원래 상태로 되돌릴 수 없는 경우는 타협으로 보상 점을 찾는다.

국난을 당하면 영웅이 나오고, 도덕이 해이해지면 효자가 나오고, 애사를 당하면 인간관계가 돈독해진다. 비리가 터지면 대중은 기다렸다는 듯이 분노의 대상을 찾는다. 마치 정의를 보기 위해 불의를 기다렸던 것처럼 폭발한다. 누군가는 타오르는 분노를 달래기 위한 굿놀이를 벌인다.

그 놀이의 도구는 법이다. 법을 덫처럼 이용하여 어떤 동정도 허락하지 않는다. 상황에 맞추어 법의 적용 강도도 달라진다. 흔히 정의라는 명분 속에는 보복이, 개혁이란 명분 속에는 파괴의 본성이 작용한다. 사건의 마무리는 죄와 벌의 거래일 수밖에 없다. 이 때 사건 해결의 기준은 진실이다. 그러나 진실은 거짓을 밝히지 못한다. 거짓은 진실을 덮기 때문이다.

원수를 사랑할 것인가 미워할 것인가.

옳고 그름을 따지는 것은 서로의 생각을 맞추는 과정이다. 네 탓은 상대에게서, 내 탓은 자신에게서 해답을 찾는다. 상대를 설득할 수 없다면 내가 바뀌어야 한다. 내 탓이라고 여기며 포용하고 받아들이면 시비가 없다. 시비가 끝나지 않는 것은 서로 의견이 같지 않다는 것이다. 그 탓을 상대에게서 찾으면 미움이 생긴다.

미워하는 사람과 미운 짓을 한 사람 중 누가 더 나쁜가? 누구나 미운 짓을 한 사람이라고 생각한다. 문제는 미움을 제공한 사람보다 미워하는 사람이 더 고통스럽다는 것이다. 특히 믿었던 사람에게 당한 배신의 아픔은 이루 말할 수 없다. 외모에 속는 것보다 마음에 속는 것이 더 견디기 힘들다. 가격보다 상품에 속는 것이 더 속상한 일이다.

미움은 나를 부정하는 데 대한 거부감이다. 상처를 준 대가로 상대를 짓밟고 싶은 보복 심리다. 그 피해의식에서 벗어나기 위해 고통을 되돌려 주려는 분노 같은 것이다. 미움이 솟구치면 도덕적인 양심은 끼어들 여유가 없다. 용서는 미움이 상쇄되었을 때 양보하고 단념하는 것이다. 참고 용서하는 것은 자신의 미움을 조건 없이 폐기하는 것이다.

변화를 위한 단절, 죽음

죽을 때까지가 수명이다.

죽으면 죽음을 알지 못하고, 죽지 않으면 죽음을 확인할 길이 없다. 그래서 자신의 죽음은 영원히 알지 못한다. 죽음은 존재의 소멸이며 생명의 단절이다. 육체는 신진 대사를 멈추고 원래의 구성 물질로 분해되어 흩어진다. 감각이 없는 영혼도 변화를 감지할 수 없으니 자연 사라진다.

사람은 아무리 죽지 않으려 해도 운명만큼만 산다. 노력한다고 살고 포기한다고 마음대로 죽을 수 있는 것이 아니다. 태어날 때부터 반복된 시간의 숫자다. 인생은 그 시간 안에 일어난 무수한 삶의 변화다. 적어도 죽을 때까지는 죽지 않는다는 믿음 때문에 산다.

태양이 언젠가 사라질 것이란 것을 알고 있다. 그러나 지레 겁을

먹고 생을 포기하는 사람은 없다. 자신의 수명보다 먼 후의 일이란 것을 알고 있기 때문이다. 단지 태양의 소멸을 두려워한다면 그것은 변화의 단절 때문이다. 변화의 근원인 에너지가 끊기면 생명은 사라진다. 그 단절감을 견딜 수가 없을 뿐이다.

언젠가는 죽을 것을 알고 있지만 누구나 인생을 포기하지 않는다. 그 때가 언제인지 모르는 불확실성이 두려움을 잊게 한다. 생명은 변화를 멈출 수 없다. 이미 유전자 안에 모체로부터 이어받은 삶의 본능이 입력되어 있다. 생명을 가진 유전적 존재는 삶의 본능을 거부할 수 없다. 생명도, 시련도, 죽음도 변화다. 죽을 때까지가 수명이다.

이별이 슬픈 이유

변화 없는 일을 지속하려니까 지겹고, 일을 포기하려니까 막막해진다. 변화 없는 관계를 유지하려고 하면 실망스럽고, 이별을 결심하면 아쉽다. 그러나 변화 없는 무료한 관계가 더 힘들다. 결국 무료함을 피하기 위해 이별이란 큰 변화를 선택한다. 막상 그리고 나면 이별이 두려워진다.

이별이 슬픈 것은 관계의 단절이 주는 고통이다. 믿음을 저버린 미움이며 방향을 잃은 두려움이다. 의지할 곳을 잃은 좌절감인 동시에 변화를 나누지 못하는 아쉬움이다. 행복을 함께 하지 못하는 상실감이며 사라지는 기억에 대한 안타까움이다.

오랜 병구완에 지친 사람이 환자의 죽음 앞에서 애통해하는 이유는 애매하다. 회복에 대한 집착이 사라진 것인지, 희망 없는 고통에서 벗어난 것인지, 이별의 순간적 격정 때문인지 알 수 없다. 그러나 변화의 단절에 대한 충격임은 틀림없다.

늙으면 무엇으로 사는가? 사랑하던 가족과 기억하는 사람들의 보살핌으로 연명한다. 살아온 기억으로 매 순간을 버티지만 그건 뇌의 기능이 온전할 때의 이야기다. 기억마저 사라지면 기억해 주는 사람도 알지 못한다. 늙어간다는 것은 혼자가 되어가는 것이다. 그러다 결국 자신마저 인식할 수 없을 때 삶은 끝이 난다.

완전한 삶은 없다.

인류 문명의 가성비는 얼마나 될까? 그동안 생산한 모든 물건을 용도에 맞게 활용해 왔을까? 세상에는 용도대로 쓰이지 못하고 버려지는 것들이 많다. 식탁에 올라보지도 못하고 버려지는 음식과 입지 않고 폐기되는 옷과 살지 않고 방치되는 빈집이 수도 없다. 제 수명을 다하지 못하고 죽어가는 생명들은 또 얼마나 많은가.

시장경제의 분배 불균형의 시스템으로 전 세계 식품의 1/3이 버려진다. 읽히지도 못하고 폐기되는 책은 물론 유효기간을 넘겨버린 가공물들이 부지기수다. 천문학적인 예산을 들여 만들어진 무기들이 폐기되고, 엄청난 양의 전력이 사용되기 전에 누출된다. 도대체 이 세상에 나온 생명과 물건들은 몇 %나 제대로 활용되고 있을까?

실패는 목적을 이루지 못한 것이다. 진행 정도에 상관없이 100%가 아니면 실패라고 말한다. 완전한 실패나 혹은 절반의 실패일 수도 있고, 99%의 아쉬운 실패일 수도 있다. 어떻든 기대치에 미치지 못하면 실패인 것이다. 그래서 그 결과를 놓고 목표를 조정한다. 50% 혹은 그보다 많은 정도에서 자신의 욕구와 타협하여 성공이라 말한다.

실패의 반복이 목표에 가까워지는 경우도 있다. 성공을 위한 학습효과라 할 수 있다. 실패의 두려움을 극복하고 도전의 의지가 계속된다면 목표에 가가까워진다. 누구나 실패는 겪는다. 아직 삶을 포기하지 않는 한 늘 새 출발할 각오를 다져야 한다. 새 항해를 결심했을 때 꼭 새 배가 필요한 것은 아니다. 중요한 것은 새 선장이고 그보다 더 중요한 것은 새로운 계획이다.

완전한 성공은 없다. 기대치가 높으면 성공의 길은 멀고 험난하다. 필요한 만큼 소박한 희망을 가지면 행복은 늘 가까이 있다.

몰락을 맞고서야 욕망은 멈출 수 있다.

직장을 잡게 되면 누구나 승진을 꿈꾸게 된다. 직위 상승은 직장생활의 목표가 되고 변신을 위한 명분이 된다. 상상의 공간은 꿈과 희망이 된다. 이제는 그 공간을 채우는 변화의 기쁨을 맛보기만 하면 된다.

능력이란 꿈을 담는 그릇이라 할 수 있다. 계획을 세우는 것은 그릇을 준비하는 것이다. 목표가 정해진 사람은 원하는 삶을 펼칠 준비가 된 사람이다. 준비된 사람은 놀라거나 두려워하지 않는다. 그릇이 작거나 준비되지 않는 사람은 넘치는 변화를 감당하지 못한다.

식욕은 배고픈 때를 기다리고, 미움은 사랑을 기다리기도 한다. 식욕은 채우고 사랑은 확인하는 것이라지만 실은 변화를 기다리는 것이다. 새벽을 기다리는 것은 기대감을 채워줄 하루의 변화를 기다리는 것과 같다. 욕망은 생명의 본질이다. 포기하지 않는 한 얻을 때까지 멈추지 않는 본능이다.

욕망은 성취하고 나면 허무함이 찾아온다. 변화가 멈추기 때문이다. 만족감은 순간이다. 계속적으로 변화가 채워지지 없으면 삶은 단절된다. 변화가 곧 생명이기 때문이다.

아무리 부귀영화를 누렸다 해도 죽음에 이르면 허탈감을 느낀다. 지난날은 다 헛되고 변화만 기억할 뿐 행과 불행은 지나고 나면 같아진다. 욕망은 끝이 없다고 말하는 것도 몰락을 맞고서야 멈출 수 있기 때문이다.

죽음도 삶의 일부이다.

시작과 끝의 순서는 자연스런 질서이다. 씨앗의 생장은 싹이 트는 것을 시작으로 꽃이 피고 열매를 맺는 것이 순서이다. 인생은 생사의 순서가 결정한다. 사는 것이 먼저이고 죽는 것이 나중이어야 한다. 순서가 바뀌면 삶은 더 이상 지속되지 못한다.

인생에서 할 일이 있다면 죽음보다 앞 쪽에 배정해야 한다. 언젠가 죽다는 것을 알면서 초연할 수 있는 것은 죽음을 맨 뒤에 놓아두었기 때문이다. 그래야 죽음을 잊고 산다.

어차피 죽을 운명이라면 스스로 선택하고 싶어 한다. 그러나 운명은 선택권을 주지 않는다. 사람들은 같은 죽음을 놓고도 이에 대한 대응이 다르다. 원하지 않는 타살의 위험에는 죽음으로 대적한다. 대적할 수 없거나 사는 것을 포기할 때는 자살을 택한다.

같은 죽음이지만 병사나 사고사에 비해 자연사에 대해서는 초연하다. 죽음을 두려워하는 사람도 자연사는 삶의 일부로 이해한다. 빈손으로 왔다가 빈손으로 가는데 죽은들 무슨 불만이겠는가. 주운 돈을 탕진하고 죽든 빼앗기고 죽든 손해 볼 것은 없다.

사람들은 언젠가 수명을 다해 죽음을 맞이할 것이라는 것을 알고 있다. 그러나 속수무책 기다려야 하는 절망감은 두려워하지 않는다. 죽음에 초연할 수 있는 것은 죽음을 모르는 것이고, 그보다 더 한 이유는 죽지 않을 것이라는 믿음이다.

죽음은 고향으로 돌아가는 것이다. 육체는 삶의 도구에 불과하다. 정신이 담겨진 집이다. 다치고 병들면 고쳐 쓰다가 늙고 소용이 없으면 본래의 흙으로 돌아간다.

태어나는 순간 언젠가는 맞이할 죽음은 운명으로 받아들인다. 살아가는 일이 급박한 현실 앞에서 죽음은 맨 나중 일이라고 밀쳐놓았을 것이다. 죽음은 인생의 파멸이 아니라 과정의 끝이다. 죽어야 생명이 태어나듯이 죽음 역시 삶의 한 부분이다.

우리는 변화를 먹고 산다

2018년 8월 20일 인쇄
2018년 8월 30일 발행

지은이 | 이 남 일
펴낸이 | 강 경 호
인쇄 · 기획 | 도서출판 시와사람
등록 | 1994년 6월 10일 제 05-01-0155호
주소 | 광주시 동구 양림로119번길 21-1(학동)
전화 | (062)224-5319
E-mail | jcapoet@hanmail.net

ISBN 978-89-5665-519-2 03810

값 12,000원

공급처 ■ 한국출판협동조합
경기도 파주시 탄현면 오금로 30
주문전화 (02)716-5616, 070-7119-1740